MW00653227

MINDFULNESS y NEUROPLASTICIDAD

PARA UN CEREBRO A PRUEBA DE ESTRÉS

Título original: THE STRESS-PROFF BRAIN
Traducido del inglés por Vicente Merlo Lillo
Diseño de portada: Editorial Sirio, S.A.
Fotografía de solapa: Stephanie Mohan
Diseño y maquetación de interior: Toñi F. Castellón

www.editorialsirio.com
sirio@editorialsirio.com

I.S.B.N.: 978-84-17399-00-9
Depósito Legal: MA-473-2018

Impreso en Imagraf Impresores, S. A.
c/ Nabucco, 14 D - Pol. Alameda
29006 - Málaga

Impreso en España

Puedes seguirnos en Facebook, Twitter, YouTube e Instagram.

Dra. Melanie Greenberg

MINDFULNESS y NEUROPLASTICIDAD

PARA UN CEREBRO A PRUEBA DE ESTRÉS

Para Brian y Sidney,
quienes iluminaron mi vida

ÍNDICE

INTRODUCCIÓN

Estás leyendo este libro porque estás estresado. Puede que estés estresado debido a algún suceso inesperado o alguna transición propia del desarrollo que crea nuevas exigencias e incertidumbre. Quizás tengas que cuidar de un bebé recién nacido, renovar tu casa, hacer frente a la ruptura de una relación o a la pérdida de un ser querido, empezar un negocio o sufrir el paro. O puede que te sientas crónicamente estresado por una relación desdichada, la soledad, el sobrepeso, una enfermedad crónica, problemas económicos o un trabajo ingrato. Tu cerebro puede estar soportando la carga emocional de un trauma o un abandono infantil. Además, tal vez tengas que hacer frente a frustraciones diarias provocadas por el tráfico, facturas, el mantenimiento de tu vivienda, exigencias de los miembros de tu familia, jefes o clientes, o un cuerpo que envejece. Sea cual sea la fuente de tu estrés, al cabo de un tiempo puede hacer que te sientas cansado, preocupado o agotado. Pero si entiendes la respuesta estresada de tu cerebro, tal como está programada, puedes llevarlo por un camino más calmado, centrado y positivo. ¡Manejar tu estrés de este modo te aportará más felicidad y éxito!

TU CEREBRO ESTRESADO

Cuando estás estresado, te sientes desequilibrado. Tus pensamientos corren a velocidades vertiginosas mientras imaginas consecuencias negativas o intentas ingeniar soluciones rápidas. Tu corazón palpita, y tu respiración se vuelve superficial a medida que oleadas de temor emanan de tu pecho y tu estómago. Tus músculos se tensan. Tienes la impresión de que no puedes sentarte tranquilo o pensar de manera ordenada. Puede que te critiques y lamentes haberte sometido a una situación estresante. Finalmente, este incómodo sentimiento llega a ser excesivo, y puedes bloquearte o «anestesiarte» con comida, alcohol o programas de televisión insustanciales. O puedes comportarte de manera tan absurda que termines agotado, te enfades y te encuentres viviendo una vida desequilibrada y poco saludable.

Quizás te culpes y te critiques a ti mismo por esas respuestas improductivas al estrés, pero no deberías hacerlo. La respuesta al estrés nos ha acompañado durante miles de años. Ayudó a los seres humanos a sobrevivir en los días en que hacíamos frente a amenazas de inanición y de leones y tigres depredadores.

La *amígdala*, una estructura con forma de almendra justo en el centro del cerebro, evolucionó específicamente para responder a las amenazas. Recibe información de los sentidos y de los órganos internos. Cuando tu amígdala decide que se presenta una amenaza (por ejemplo, ves una cara enfadada u oyes un ruido estruendoso), hace «sonar la alarma»: utilizando las hormonas y los neurotransmisores (mensajeros químicos), comienza una cascada de cambios fisiológicos que te preparan para luchar o para huir. Por eso el estrés puede hacer que te sientas nervioso e irritable o seas presa del pánico y tiendas a evitar la situación.

Esta respuesta al estrés está muy bien si haces frente a un factor estresante agudo, como alguien que te ataca. Antes incluso de que tengas tiempo para pensar, tu alerta elevada y el impulso de luchar o huir pueden salvarte la vida. Quedarte en calma y pensar las cosas demasiado en esos momentos supondría perder valiosos segundos.

Sin embargo, la mayoría de la gente rara vez hace frente a estas amenazas inminentes (aunque las noticias hagan pensar lo contrario). Mucho más comunes son los retos diarios consistentes en resolver conflictos, conseguir terminar las tareas que uno tiene que hacer, pagar las facturas, tener citas y cuidar de uno mismo y de la familia en un mundo cambiante y amenazador. Hay también factores estresantes psicológicos, como la soledad, la incertidumbre, el fracaso, el rechazo y amenazas a tu salud, tu seguridad y tu subsistencia.

A cortísimo plazo, las hormonas del estrés (como el cortisol) te energizan, te motivan para que superes los obstáculos y te ayudan a enfocar el problema. No obstante, con el tiempo, las mismas hormonas pueden provocar ansiedad, pensamientos catastrofistas o acciones impulsivas inapropiadas. Pueden afectar negativamente a tu corazón, tu sistema inmunitario, tu peso e incluso el funcionamiento de tu cerebro. Dicho de otro modo, la respuesta automática de tu cerebro al estrés puede ser útil cuando estás haciendo frente a un peligro físico o una amenaza inmediata, pero no es útil cuando te estás enfrentando a dificultades prolongadas u obstáculos repetidos. Por tanto, para alcanzar tus objetivos a largo plazo –construir una estabilidad económica, hallar y mantener una relación amorosa, cuidar a tu familia, ser propietario de una casa o tener éxito en un trabajo o un negocio–, necesitas gestionar tu estrés para que no te haga descarrilar. Necesitas aprender a dominar las transiciones de la vida normal, a superar crisis inesperadas y decepciones e incluso a evitar potenciales catástrofes. Aun si estás experimentando ya los efectos negativos del estrés, no es demasiado tarde para cambiar. Tu cerebro y el resto de tu cuerpo poseen notables capacidades de autosanación.

TÚ PUEDES CAMBIAR TU CEREBRO

Tu cerebro tiene la capacidad de regenerarse y sanarse mediante un proceso conocido como *neuroplasticidad*. Puedes desarrollar nuevas neuronas cerebrales; crear senderos nuevos, positivos y productivos, en el cerebro, y aumentar las partes de este que te ayudan a pensar claramente, para que puedas ver los factores estresantes de la vida como retos manejables más que como amenazas insuperables. Empleando el poder de tu corteza prefrontal, puedes calmar tu amígdala para ser capaz de responder al estrés de manera más consciente y eficaz.

La corteza prefrontal es especialmente amplia y está bien desarrollada en los humanos y es responsable de nuestras sorprendentes capacidades de pensar y de resolver problemas. Situada justo detrás de tu frente, tu corteza prefrontal es como el director ejecutivo de tu cerebro. Puede mantener simultáneamente información de tu situación actual y de tu experiencia pasada, y ayudarte a tomar decisiones fundamentadas acerca de la mejor acción que puedes realizar. Cuando topas con una fuente de estrés, la información fluye desde tus órganos sensoriales (como tus ojos y oídos) tanto a tu amígdala como a tu corteza prefrontal. Ahora bien, el sendero hacia tu amígdala es más rápido, para permitir una acción de emergencia ante una amenaza inminente. Tu corteza prefrontal responde al estrés más lentamente que tu amígdala, porque tiene que procesar mucha más información.

La corteza prefrontal puede también controlar la amígdala. Puede decirle que se relaje, por ejemplo, porque la serpiente que crees ver no es más que un palo atravesado en el camino; porque el cambio, la incertidumbre y la pérdida forman parte de la vida como algo natural –de modo que puedes mantenerte equilibrado y a salvo durante todo el camino–, o porque hay gente y recursos que pueden ayudarte con tus problemas. O puede decirle a tu amígdala que tienes la capacidad de manejar una situación amenazadora porque vas a perseverar y a esforzarte hasta que hayas aprendido todas las habilidades que necesitas.

Estas son algunas de las estrategias utilizadas por una corteza prefrontal que cuenta con senderos neuronales sólidos para comunicarse bidireccionalmente con la amígdala y otras partes del cerebro. Cuando este proceso funciona bien, tu corteza prefrontal toma el mando, calma el sentimiento de pánico y te ayuda a hacerte cargo de manera sabia y estratégica de los factores estresantes.

¿Por qué, entonces, te sientes abrumado por el estrés? Bueno, puede ser por una de las razones siguientes:

- Tienes una amígdala hiperactiva.
- Hay un problema en la comunicación entre tu corteza prefrontal y tu amígdala.
- Tu corteza prefrontal no funciona adecuadamente.

- Tu corteza prefrontal no tiene la información correcta de experiencias pasadas para calmar las cosas.
- Creciste en circunstancias caóticas o hiciste frente a problemas ante los que te hallabas indefenso y no podías cambiar, como un padre o madre adicto, irresponsable o deprimido, o bien una situación de violencia familiar o pobreza.
- Como resultado de una serie de decepciones y fracasos, tienes automáticamente expectativas negativas, la sensación de que el mundo no es seguro, no confías en que los demás puedan ayudarte o careces de confianza en ti mismo.

Afortunadamente, la neuroplasticidad de tu cerebro significa que puedes reorientar el proceso de tu pensamiento para construir senderos neuronales más centrados en el presente y más esperanzados, así como un funcionamiento cerebral más interconectado y fluido.

UN PROGRAMA PARA CONSTRUIR UN CEREBRO A PRUEBA DE ESTRÉS

Este libro te enseñará una serie de habilidades cerebrales que te ayudarán a reorientar tu cerebro para que pueda ser más resiliente ante el estrés. Este programa se basa en las investigaciones más recientes sobre el estrés y la emoción, la literatura psicológica sobre la resiliencia y el éxito en situaciones de amenaza y mi propia experiencia formando psicólogos y tratando a pacientes con estrés agudo o crónico. Este programa se basa también en mi experiencia de desarrollo en un país (Sudáfrica) que hace frente a convulsiones sociales y económicas y en el hecho de haber tenido personalmente que tomar decisiones difíciles en mi camino existencial y respecto a mi futuro, frente a una considerable incertidumbre.

Aunque el estrés es una realidad, no hay que dejar que nos agobie o nos paralice con modos de pensar y de actuar que interfieran en nuestra salud, nuestra felicidad y nuestra capacidad para conseguir las metas de nuestra vida. Tú puedes convertirte en el director ejecutivo de tu propio cerebro, manteniendo tu corteza prefrontal al mando, para que pueda calmar tu amígdala, lo que te hará menos reactivo al estrés. Este libro te ayudará a:

- Frenar respuestas poco útiles, como la evitación, darles vueltas a las cosas excesivamente y el pensamiento basado en el miedo.
- Obtener claridad y concentración.
- Restablecer tu sentido de control y una actitud de crecimiento.
- Utilizar el coraje y la compasión hacia ti mismo para motivarte.
- Vivir una vida saludable y equilibrada frente al estrés.

En el mundo actual rápidamente cambiante, un cerebro resiliente al estrés es lo mejor que puede haber para mantenerse centrado, listo, conectado y llevar las riendas. Aunque no puedes borrar los sucesos negativos de la vida ni los errores pasados, puedes aprender las lecciones de esas experiencias y convertirlas en combustible para tu viaje. Puedes generar calma interior, construir un estilo de vida con hábitos saludables y facilitar el pensamiento claro para que te apoye durante todo el camino.

CÓMO ESTÁ ORGANIZADO ESTE LIBRO

Este libro está dividido en tres partes. En la primera parte, «Comprender tu estrés», aprenderás sobre las respuestas de tu mente y tu cuerpo al estrés. También aprenderás a qué tipo de factores estresantes te enfrentas y cómo el estrés afecta a tu salud mental y física. En la segunda parte, «Calmar tu amígdala», descubrirás cómo permanecer enraizado en el momento presente, incluso cuando tu amígdala esté haciendo sonar las señales de alarma, y cómo hacer frente a las emociones difíciles y calmarlas, en lugar de evitarlas. Finalmente, aprenderás maneras de ver los factores que te estresan como más controlables y utilizar la compasión hacia ti mismo para ayudar a que tu amígdala se relaje. En la tercera parte, «Poner tu corteza prefrontal en primera fila», aprenderás a ser cognitivamente flexible y a combatir la preocupación, el perfeccionismo y la hipervigilancia. También aprenderás a poner tu cerebro al servicio de fines positivos, a ver los factores que te estresan como retos y a centrarte en aumentar tus estrategias de afrontamiento. Te mostraré cómo tener más coraje al habértelas con los factores que te estresan y cómo vivir una vida sana y equilibrada a pesar de la presencia del estrés.

COMPRENDER TU ESTRÉS

CAPÍTULO

1

LA RESPUESTA DE TU CEREBRO AL ESTRÉS

El estrés es un hecho, y está aquí para quedarse. Pérdidas, conflictos, incertidumbre, soledad, amenazas a la salud, competitividad, fechas límite y tensiones económicas son situaciones que todos experimentamos. Sin embargo, la respuesta programada de tu cerebro al estrés está pensada para protegerte de tu *peligro físico inmediato*. Buena parte de nuestra respuesta psicológica al estrés se fue estableciendo a través de miles de años de evolución. Una respuesta al estrés programada ayudó a que nuestros antepasados emprendieran acciones físicas rápidas para evitar ser devorados por leones o fracasar en la competencia por la comida. ¡En ese sentido, no cabe duda de que era algo bueno! Desgraciadamente, la misma respuesta al estrés programada no es demasiado positiva cuando se trata de ayudarnos a gestionar el estrés de la vida moderna, como pagar las facturas, tratar a un jefe gruñón, cuidar de un miembro de la familia enfermo o discutir con nuestros seres queridos. Estas situaciones generalmente no exigen acción física –requieren comprender las intenciones de los demás; gestionar los fracasos, las pérdidas o la incertidumbre; resolver problemas logísticos, o mantener un esfuerzo mental–. Nos exigen procesar montañas de información en un tiempo muy breve, hacer malabarismos para establecer prioridades y habérnoslas con un mundo que cambia rápidamente. Si te sientes estresado, puede ser porque tu cerebro es hipersensitivo al peligro. Tu cerebro puede estar señalando que situaciones como las anteriormente detalladas son amenazas a tu supervivencia y estar preparándote para acciones radicales que no son necesarias ni apropiadas para los retos cotidianos (Sapolsky 2004).

Las habilidades que aprenderás en este libro te ayudarán a calmar las reacciones automáticas ante el estrés, así como el exceso de ansiedad o de rabia, de manera que las partes más racionales de tu cerebro tengan tiempo para tomar el mando y formular una respuesta más consciente. Con la práctica repetida de los ejercicios que te propongo, tu cerebro aprenderá a lidiar con el estrés de manera efectiva, de modo que los factores estresantes de la vida se conviertan en retos manejables más que en amenazas insuperables. Incluso puedes comenzar a experimentar cierto entusiasmo respecto a dominar los retos a los que tienes que enfrentarte.

Pero primero tienes que entender cómo responden al estrés tu mente y tu cuerpo. Como les digo a mis pacientes –muchos de los cuales están haciendo frente a sucesos importantes o a factores estresantes crónicos como la soledad, el estrés en las relaciones, una enfermedad, tener que cuidar de alguien, montar un negocio o el desempleo– cuando le pones nombre, puedes domesticarlo.

ESTRÉS AGUDO FRENTE A ESTRÉS CRÓNICO

Como ya he indicado, tu respuesta al estrés fue diseñada para ayudarte a sobrevivir a las amenazas inmediatas. Cuando utilizas un sistema pensado para un estrés agudo, que amenaza tu supervivencia, durante un período largo, se puede producir un deterioro en tu mente y tu cuerpo. El estrés agudo y el crónico son procesos diferentes, con distintos efectos (Sapolsky 2004).

El estrés agudo es una respuesta a factores estresantes de poca duración, como pronunciar un discurso, hacer un examen, llegar a tiempo a una fecha límite o tener una primera cita. Por una parte, este tipo de estrés puede crear ansiedad o síntomas psicosomáticos (como dolor de cabeza y molestias estomacales). Por otra parte, puede hacer que te sientas emocionado y retado, dándote de ese modo energía para hacerlo lo mejor que puedas. Dominar un factor estresante agudo puede hacer que te sientas con más confianza, habilidad y madurez.

El estrés crónico es una respuesta a un factor estresante que continúa presente durante más de un par de horas o de días. Algunas profesiones, como la de agente del orden público, pueden resultar estresantes de manera crónica. Las fechas límite, las relaciones infelices, el cuidado de miembros de tu familia y no sentirte competente en tu trabajo también pueden ser estresantes. El estrés crónico puede tener efectos negativos sobre tu mente y tu cuerpo, especialmente si te sientes incapaz de cambiar tus circunstancias. Si no le ves salida a la situación, a pesar de todos tus esfuerzos, es probable que te preocupes o te deprimas. El estrés crónico que no se maneja apropiadamente puede llevar a que se sufra fatiga, presión sanguínea alta y aumento de peso.

Afortunadamente, puedes aprender a lidiar con tu estrés, sea agudo o crónico. Puedes incluso transformar el estrés en la sensación de que se te presentan retos y te energizas, o puedes sentir cómo te enraízas y confías en ti mismo. Aunque parte de tu respuesta al estrés está programada y es automática, tienes la capacidad de cambiar el modo en que tu cerebro procesa e interpreta el estrés. Practicar repetidamente nuevos modos de pensar y actuar puede transformar realmente los senderos neuronales y químicos de tu cerebro.

TU CEREBRO POSEE NEUROPLASTICIDAD

Tu cerebro contiene billones de neuronas, células especializadas que se comunican entre sí. Con el tiempo, las neuronas y los senderos neuronales que no utilizas se debilitan y marchitan, mientras que los que más utilizas se fortalecen. Tu cerebro tiene también la habilidad de desarrollar nuevas neuronas a partir de las células madre.

Esta capacidad para cambiar permite que tu estructura y tu programación cerebrales sean moldeadas por la experiencia, una cualidad conocida como *neuroplasticidad*. Hay una famosa máxima (atribuida al neurocientífico Donald Hebb) que señala: «Las neuronas que se activan juntas permanecerán conectadas». Cuando se activan un conjunto de neuronas, pasan a relacionarse más estrechamente, de modo que la secuencia entera es más probable que se repita como reacción a ese tipo de situación en el futuro. Tus pensamientos, sentimientos y acciones pueden realmente, con el tiempo, cambiar la estructura de tu cerebro. Esto explica por qué el entorno de tu infancia puede afectar a tu respuesta al estrés décadas después. También te proporciona el potencial capaz de cambiar antiguas conductas que no te ayudan a resolver los retos actuales. ¡Puedes, literalmente, reprogramar tu cerebro!

CÓMO TED CAMBIÓ SU RESPUESTA AUTOMÁTICA AL ESTRÉS

Para ilustrar lo que significa cambiar una respuesta automática al estrés, te hablaré de mi paciente Ted. (Cuando hablo sobre mis pacientes en este libro, cambio los nombres y los detalles para proteger su confidencialidad).

Ted fue criado por su madre, quien vivía con lo justo. Después de terminar el instituto, tuvo que pedir préstamos y trabajar treinta horas a la semana para pagar la universidad. Logró una licenciatura en Negocios y Administración y fue contratado por una empresa muy conocida, en la que, gracias a su escrupulosidad y su moralidad, fue ascendido rápidamente. Cuando vino a verme para empezar una terapia, su empresa estaba a punto de ser absorbida por un conglomerado de empresas, así que estaba haciendo frente a la posibilidad de perder su trabajo o de que lo degradaran.

Las habilidades de Ted eran muy notables, y había ahorrado bastante dinero. ¡Pero estaba muerto de miedo! Estaba siempre preocupado por no conseguir nunca más otro trabajo y terminar perdiendo su vivienda. Le aterrorizaba que su mujer lo dejase, aunque en realidad ella le demostraba su amor y lo apoyaba.

El cerebro de Ted había sido condicionado por el estrés de su infancia a considerar la incertidumbre y la pérdida potencial como altamente estresantes. Su amígdala etiquetaba su situación laboral como una enorme amenaza y ponía su mente y su cuerpo en estado de alerta aguda. Su corteza prefrontal no lograba calmar su amígdala; aportaba la información acerca de sus experiencias pasadas de ser abandonado por su padre y vivir en la pobreza, y esto lo llevaba a sentir más miedo. Ted se sentía también enfadado con la gestión de su empresa, por no protegerlo mejor. Sentía constantemente que su corazón se le aceleraba y tenía el plexo solar revuelto. Le costaba pensar con claridad. Además, dejó de hacer ejercicio, y su peso y su presión sanguínea aumentaron. Comenzó a sentirse deprimido.

En terapia, Ted aprendió a calmar su amígdala y utilizar su corteza prefrontal de manera más eficaz. Descubrió cómo ver sus sentimientos de temor como parte de su respuesta automática al estrés, y no como un indicador adecuado del grado real de la amenaza a la que hacía frente, y cómo tolerar el miedo y hallar calma interior utilizando habilidades de *mindfulness* parecidas a las que aprenderás en este libro. Aprendió también a utilizar su corteza prefrontal para ver la situación de manera que pudiera calmar su amígdala y a centrarse en el hecho de que había sobrevivido a la pobreza y ahora tenía una cierta comodidad económica. Se dio cuenta de que su mujer lo quería mucho y no lo dejaría, ni siquiera si se quedaba en paro. Se centró en las habilidades y las competencias que ya tenía (como su gran moralidad y su capacidad de trabajo), así como en las nuevas habilidades (como la de entablar relaciones sociales) que podía desarrollar y utilizar para manejar la situación. También aprendió a tener una visión más amplia de su situación vital y a sentirse orgulloso de sus logros en el trabajo y agradecido por su entregada esposa. Este enfoque condujo a sentimientos positivos que también calmaron su miedo. Al final de la terapia, Ted no solo era más capaz de manejar su estrés actual, sino que tenía herramientas para afrontar futuros factores estresantes.

EL ESTRÉS Y TUS EMOCIONES

¿Por qué Ted sentía tanto miedo y rabia ante la posibilidad de perder su trabajo? ¿Y por qué se sentía deprimido después de un largo período de incertidumbre? Las emociones de miedo y de rabia son creadas por la respuesta fisiológica al estrés dada por tu cuerpo, combinada con tu percepción de la situación como una amenaza. Como he dicho antes, cuando tu amígdala percibe una amenaza, ejecuta un programa automático para preparar tu cuerpo para luchar o huir. Eso se debe a que tus antepasados tenían que hacer frente a leones y tigres, y debían ser capaces de preparar una respuesta física muy rápidamente. De modo que hoy, cuando tu amígdala percibe una amenaza, comienza el modo «luchar o huir», enviando glucosa a tu cerebro para pensar rápidamente, haciendo que tu corazón bombee más velozmente y aumentando el flujo sanguíneo que manda a los grandes músculos de tus brazos y piernas para preparar tu cuerpo para luchar o huir.

El miedo y la rabia constituyen tu experiencia subjetiva de la respuesta «luchar o huir» de tu cerebro. El miedo es una respuesta más aguda, a menudo dirigida a un objeto o situación específicos (como la posibilidad de perder tu trabajo). La ansiedad es similar al miedo, aunque más difusa y duradera (como la ansiedad por lo que sucederá después de perder tu trabajo), por lo que en este libro, utilizo los términos *ansiedad* y *miedo* de manera más o menos intercambiable. Si un factor estresante sigue presente durante mucho tiempo o tienes que hacer frente a una serie de ellos, uno tras otro, puede que empieces a sentirte deprimido. Como reacción del cuerpo y la mente a una situación que percibes como incontrolable y abrumadora, la depresión es una respuesta de «inmovilización» ante el estrés. Analizaremos esto con más detalle, posteriormente.

En la sección siguiente, aprenderás detalles sobre las estructuras y los procesos de tu cerebro que determinan tu respuesta al estrés.

LA RESPUESTA DE TU CEREBRO AL ESTRÉS

Las partes de tu cerebro que configuran tu respuesta emocional y conductual a una situación estresante incluyen la amígdala, el hipotálamo, el hipocampo y la corteza prefrontal. Describiré cada una de estas estructuras cerebrales y sus funciones a continuación. Aunque a menudo hablamos de la amígdala y el hipocampo como estructuras individuales, en realidad hay dos partes de cada una, una mitad en cada hemisferio cerebral.

- **Amígdala.** El centro de alarma de tu cerebro. Percibe las amenazas y otras informaciones emocionalmente significativas e inicia la respuesta al estrés.
- **Hipotálamo.** El jefe de operaciones de tu cerebro. Coordina la liberación de hormonas del estrés para preparar tu cuerpo para la lucha o la huida.
- **Hipocampo.** El biógrafo de tu cerebro. Almacena y recupera memorias conscientes sobre la situación actual así como sobre factores estresantes anteriores que has experimentado, cómo respondiste y los resultados que se siguieron. Esto te permite aprender de las experiencias pasadas y anticipar lo que es probable que ocurra.
- **Corteza prefrontal.** El director ejecutivo de tu cerebro. Reúne información de tu amígdala y tu hipocampo para crear una respuesta planificada y motivada al estrés. Se comunica bidireccionalmente con la amígdala para modificar tu respuesta a medida que el factor estresante se desarrolla.

La amígdala

Como te indiqué anteriormente, la amígdala es una pequeña estructura con forma de almendra (menos de un centímetro y medio) que actúa como el sistema de alarma de tu cerebro. Recibe información de los sentidos y decide si un suceso es emocionalmente importante. Si tu amígdala percibe una amenaza, «hace sonar la alarma mental» para decirle a tu hipotálamo que prepare el cuerpo para responder. Tu amígdala hace esto muy rápidamente. Puedes reaccionar emocionalmente a un objeto o una situación antes incluso de poder nombrarlos. Por ejemplo, puedes saltar –antes de que tu cerebro pueda pensar en la palabra *serpiente*– cuando ves un objeto con forma de serpiente en un camino de montaña.

En términos del estrés, tu amígdala puede «secuestrar» tu cerebro, provocando que abandones lo que estás haciendo y entres en modo emergencia cuando encuentras un factor estresante. Si tu amígdala ve la situación estresante como una amenaza potencial a tu seguridad, tu estatus o tu bienestar, pone tu mente y tu cuerpo en alerta elevada.

El hipotálamo

El hipotálamo es el jefe de operaciones del cerebro, encargado de iniciar y coordinar tu respuesta hormonal al estrés. Al ser alertado por tu amígdala, tu hipotálamo segrega la hormona liberadora de corticotropina (CRH, por sus siglas en inglés). La CRH a su vez le indica a tu glándula pituitaria que segregue la hormona adrenocorticotrópica en tu corriente sanguínea, donde hace que tus glándulas adrenales segreguen cortisol. El cortisol circula por tu cuerpo, preparando tus músculos y tus órganos para responder a la emergencia. Hay un bucle de retroalimentación negativo para restaurar el equilibrio en tu cuerpo: cuando los niveles de cortisol que hay en funcionamiento llegan a ser demasiado altos, le indican a tu hipotálamo que deje de liberar CRH, lo cual hace que se produzca menos cortisol y el sistema vuelva a un estado de no estrés.

El hipocampo

El hipocampo es una estructura pequeña, con forma de caballito de mar, que almacena tus memorias conscientes de manera organizada. Recupera memorias del pasado que puedan ser relevantes para tu factor estresante. Tu corteza prefrontal accede a esas memorias para que puedas utilizar tu experiencia pasada e informar de tu respuesta al estrés. Esto significa que puedes evitar intentar poner en marcha modos de acción que no funcionaron en el pasado.

Cuando te enfrentas a un factor estresante muy intenso o que amenaza tu vida, la gran cantidad de hormonas del estrés resultante puede provocar que tu hipocampo «desconecte». Esto quiere decir que el evento o la situación no se almacenarán de una manera organizada en tu cerebro. Ahora bien, todavía puede afectar a tu conducta de modo inconsciente, a través de la amígdala, haciéndote más reactivo a otras situaciones estresantes. Por ejemplo, si sufriste acoso cuando eras niño, tu amígdala puede reaccionar más intensamente a las críticas de tu jefe, aunque no seas consciente de la relación entre estos sucesos. Tu hipocampo almacena también memorias de tu respuesta actual al estrés. Esto quiere decir que si actúas teniendo éxito, tu cerebro lo recordará. Esto te permitirá tener más confianza la próxima vez que debas hacer frente a ese tipo de suceso.

La corteza prefrontal

La corteza prefrontal es el centro ejecutivo del cerebro. Es como el director ejecutivo, que dirige toda la operación. Evalúa las exigencias de la situación estresante actual y las relaciona con tu experiencia pasada, de manera que puedas responder eficazmente.

Tu corteza prefrontal puede ser tu aliada a la hora de manejar tu estrés. Te permite resolver problemas complejos, controlar tus impulsos, calmar las emociones intensas, cambiar la dirección de tu atención y adaptarte a situaciones nuevas, inciertas o cambiantes. Es la parte de tu cerebro que evita que «pierdas el control» cuando tu hijo pequeño no se ha vestido todavía a pesar de las docenas de veces que se lo has recordado y estás estresada porque vas a llegar tarde al trabajo. ¡Tu corteza prefrontal te recuerda cuánto amas a tu hijo y que quieres ser una buena madre, de manera que inhibe tu impulso de actuar como una bruja! Esta parte de tu cerebro te ayuda a estudiar para los exámenes, a contenerte para no tomar ese pastel de más o beber demasiado cuando estás estresado o a dejar de ver la televisión para poder hacer tus tareas.

Tu corteza prefrontal está conectada también a tu amígdala y tu hipotálamo para regular tu respuesta emocional al estrés. Esta parte de tu cerebro puede ayudarte a eliminar respuestas automáticas de miedo o de rabia ante las situaciones estresantes, para que puedas responder de manera más consciente y eficaz. Tu corteza prefrontal está implicada en respuestas como la lástima, la vergüenza y la culpa, las cuales modifican la reactividad al estrés basada en tu amígdala. Cuando te enfrentas al estrés de hablar en público, te recuerda lo apasionadamente que sientes ese tema sobre el que estás hablando. Y cuando tu marido te critica, puede recordarte lo importante que es para ti. Esto calma tu amígdala y facilita tu respuesta al estrés, de manera que puedas hacer frente al factor estresante con mayor eficacia.

Ahora que conoces las estructuras cerebrales implicadas en responder al estrés, el siguiente paso es comprender cómo tu cerebro comienza una respuesta fisiológica a las situaciones estresantes con el fin de preparar tu cuerpo para la lucha o para la huida.

TU RESPUESTA FISIOLÓGICA AL ESTRÉS

Tu respuesta al estrés consta de una cascada de sustancias químicas que viajan rápidamente a través de tu cuerpo, enviando mensajes a tus órganos y tus glándulas, a tus músculos principales e incluso a tu sistema inmunitario. En esta sección, aprenderás cómo se desarrolla tu respuesta al estrés, comenzando con la liberación de las hormonas epinefrina y norepinefrina desde tus glándulas adrenales y siguiendo con la liberación de cortisol. También aprenderás cómo las ramas simpática y parasimpática de tu sistema nervioso regulan tu respuesta fisiológica al estrés, desactivándola cuando tu cerebro percibe que la amenaza ya no está presente. Finalmente, aprenderás cómo tu sistema nervioso parasimpático produce una respuesta «sólida» a los factores estresantes que percibes como graves e incontrolables.

El estrés y las glándulas adrenales

En el instante en que tu amígdala percibe un factor estresante, avisa a tu hipotálamo de que comience una respuesta química rápida como un rayo. Tu hipotálamo les indica a tus glándulas adrenales, situadas encima de tus riñones, que liberen las hormonas epinefrina (adrenalina) y norepinefrina en tu corriente sanguínea, preparando tu cuerpo para la lucha o la huida. La epinefrina aumenta rápidamente tu frecuencia cardíaca y bombea sangre a tus músculos. Abre vías respiratorias en tus pulmones para introducir oxígeno y mandarlo rápidamente a tu cerebro para aumentar el estado de alerta; también eleva tu nivel de azúcar en sangre, incrementando la producción de glucosa en tu hígado. Una irrupción de glucosa proporciona energía extra a tu cerebro y al resto de tu cuerpo. La norepinefrina produce un estrechamiento de tus vasos sanguíneos, con la correspondiente elevación de la presión sanguínea.

¿Recuerdas ese antiguo anuncio de la compañía de gasolina Esso (ahora Exxon Mobil) que se jactaba de que su combustible ponía un «tigre en tu depósito de gasolina», lo que le daba a tu coche una inyección de combustible y mejoraba su funcionamiento? ¡Ese anuncio (que ahora se encuentra como eslogan anunciante en el Salón de la Fama) describe la respuesta de la adrenalina al estrés perfectamente! Tu depósito (que aquí quiere decir tu cerebro y el resto de tu cuerpo) obtiene un aumento de sobrecarga de adrenalina y de glucosa. Tu corazón late más deprisa, tu cerebro está más alerta y tú estás listo para seguir la consigna: «Vamos, vamos, vamos».

La respuesta al estrés de tus glándulas adrenales es un modo rápido y eficaz de prepararte para la acción frente a una amenaza inmediata. Sin embargo, si continúa durante mucho tiempo, puede ser tóxica para tu cuerpo; un continuo aumento de la epinefrina puede hacerte vulnerable a la presión sanguínea elevada, a problemas cardiovasculares e incluso a un ataque al corazón. Afortunadamente, este libro te proporcionará herramientas para manejar el estrés y evitar que todo esto suceda. A continuación, veamos el papel del cortisol en la respuesta al estrés.

El estrés y el cortisol

Si un factor estresante continúa más de unos minutos, tu hipotálamo le indica a tu glándula pituitaria que libere la hormona adrenocorticotrópica (ACTH). La ACTH les ordena a tus glándulas adrenales que liberen cortisol. El cortisol aumenta el azúcar en sangre y estimula tu hígado para que produzca glucosa, que será utilizada por tu cerebro para lograr una mayor atención y un estado de alerta. Prepara tus órganos para soportar el estrés, el dolor o el daño sufrido. El cortisol elimina también las funciones que no sean urgentes relacionadas con la digestión, la reproducción, el desarrollo y la resistencia a la enfermedad. Si se halla presente durante demasiado tiempo, la supresión resultante del sistema inmunitario te hace más vulnerable a la infección. Es la razón por la que es más probable que enfermes si estás estresado de manera crónica.

Cuando los niveles circulantes de cortisol se elevan, mandan una señal a tu cuerpo para que deje de producir más, así que el proceso se autorregula; no obstante, el estrés crónico, el trauma o una serie de factores estresantes agudos pueden perturbar este proceso. Un desequilibrio en los niveles de cortisol y otras hormonas del estrés puede provocar desgaste fisiológico, algo conocido como carga alostática (McEwen 1998). Demasiada carga alostática aumenta el riesgo de enfermedades cardíacas, diabetes, obesidad, resfriados y gripe, depresión y ansiedad.

En algunas situaciones, tu cuerpo puede producir menos cortisol en respuesta al estrés. Esto puede suceder en el síndrome de fatiga crónica. Llevar un estilo sano de vida y practicar las estrategias de superación de este libro puede ayudarte a manejar mejor tu estrés, sea agudo o crónico.

El estrés y el sistema nervioso autónomo

Una vez iniciada por tu amígdala, tu respuesta al estrés se distribuye por todo tu cuerpo a través de tu *sistema nervioso autónomo* (SNA), que consta de las células nerviosas de tu cerebro y tu médula espinal. El SNA tiene dos ramas: el sistema nervioso simpático y el sistema nervioso parasimpático.

Tu *sistema nervioso simpático* (SNS) actúa como acelerador de tu SNA. Se comunica con tus glándulas adrenales para estimular la liberación de epinefrina y norepinefrina, que ponen todo tu cuerpo en alerta elevada y listo para la acción. Cuando el peligro ha terminado, tu *sistema nervioso parasimpático* (SNP) actúa como un «freno», calmando tu sistema y facilitando el retorno de tu cuerpo a un estado de descanso y la continuación de las funciones de no emergencia, como el sueño, el apetito y el impulso sexual (¡las cosas divertidas!).

La dinámica entre estas dos ramas de tu SNA mantiene un equilibrio entre las funciones en descanso y las funciones en estado de emergencia, un equilibrio conocido como homeostasis. No obstante, si el estrés es excesivo o demasiado prolongado, tu SNA puede volverse inflexible –tu SNP es incapaz de echar el «freno» a tu estimulación ansiosa–. Si esto sucede, todo tu cuerpo sigue en alerta elevada constante.

Cuando tu SNA funciona bien, es como si fueras conduciendo felizmente por la carretera, reduciendo cuando lo necesitas, parando en las señales de tráfico y luego avanzando tranquilamente con el tráfico que fluye. Cuando el sistema se utiliza excesivamente y deja de funcionar de forma correcta, es como si fueras por la vida a toda velocidad con unos frenos deficientes y desgastando tu vehículo.

Hasta aquí, hemos analizado el componente «luchar o huir» de tu respuesta aguda al estrés. Esto implica la activación de tu SNS y su interacción con tu SNP. En la sección siguiente, aprenderás sobre el componente «inmovilizado» de tu respuesta al estrés, que es iniciada por tu SNP en respuesta a un estrés grave, incontrolable.

El estrés y el nervio vago

Tu cuerpo está programado para responder al estrés con la activación y la acción. Pero ¿qué sucede si el «luchar o huir» no funciona? En el caso de un avión que se estrella, de un desastre natural o de cualquier otra amenaza inevitable, seguir intentando luchar o alejarse del factor estresante puede no solo pasarle factura a tu cuerpo, sino también aumentar tu sufrimiento. Si no puedes alejarte ni defenderte, lo único que te queda es anestesiarte ante el dolor inevitable. Y tu cuerpo tiene un mecanismo para hacer justamente eso: una respuesta primitiva, parasimpática, de «inmovilización» que es transportada a través de todo tu organismo por el nervio vago. La respuesta de «inmovilización» no es exclusiva de los humanos; ocurre en muchas especies animales. Piensa en el efecto del «conejo ante las luces largas del coche».

Para ilustrar la respuesta de tu nervio vago al estrés grave, abrumador, imagina que hay un coche viniendo a toda velocidad hacia ti y que no tienes tiempo de saltar. Después del momento inicial de *shock*, la única defensa de tu cuerpo es parar e inmovilizarse. Esta respuesta consiste en una rápida disminución de la frecuencia cardíaca y la detención de la respiración, algo que te desensibiliza al dolor del peligro inevitable. Puedes marearte o desconectar. Si la situación es extrema, puedes incluso perder la conciencia.

Yo experimenté una respuesta de «inmovilización» una vez, cuando estaba en la escuela de posgrado. Había pasado la noche en casa de mi amiga para estudiar un examen juntas. La mañana del examen, ufanas y bien preparadas, conducíamos hacia la escuela, cuando otro coche se pasó un semáforo en rojo y nos golpeó en el lado en el que yo iba. Debí de perder el conocimiento, porque todo lo que recuerdo es un destello de luz y luego a mi amiga, de pie cerca de mí, llamándome por mi nombre. ¡Cuando eché un vistazo, la puerta de mi lado pendía de un hilo! Tuve que ir al hospital para asegurarme de que me encontraba bien y no hice el examen, pero no resulté herida. Mi nervio vago me había protegido del terror de la situación desconectando mi cerebro y todo mi cuerpo. Resulta interesante que hoy tengo que pagar un precio por ello, porque a veces me sobresalto cuando el tráfico se va lentificando y mi marido no empieza a frenar (¡o quizás es solo que soy un copiloto pesado!).

También se puede experimentar una respuesta de «inmovilización» respecto a factores estresantes normales que no llegan a amenazar la supervivencia; por ejemplo, algunas personas se desmayan o se marean al ver sangre. Si fuiste abandonado, sufriste abusos o te sentiste desatendido de niño, puedes sentirte inmovilizado al hacer frente al rechazo, la soledad, la pérdida del puesto de trabajo o durante un grave revés económico. ¡Eso se debe a que tu cerebro no aprendió a ser resiliente! Ahora, como adulto, tienes que enseñarle a serlo.

Las experiencias pasadas de incontrolabilidad y fracaso pueden hacerte sentir abrumado, sin confianza y con miedo a actuar. Las prácticas de este libro te ayudarán a entrenarte para superar esta sensación de impotencia y poder actuar más eficazmente a la hora de gestionar tu estrés. En la sección siguiente, aprenderás cómo afecta el estrés a tu cerebro.

El estrés y los neurotransmisores

Las neuronas de tu cerebro se comunican entre sí enviando y recibiendo mensajeros químicos llamados *neurotransmisores*. Los neurotransmisores implicados en responder al estrés incluyen la dopamina, la norepinefrina, la serotonina y el ácido gamma-aminobutírico (GABA, por sus siglas en inglés).

El estrés aumenta los niveles de dopamina en tu corteza prefrontal. La dopamina está asociada a la motivación y la búsqueda de recompensas y desempeña un papel importante en la adicción y la agresividad. Este aumento de dopamina puede tener un efecto motivador, ayudándote a funcionar de la mejor manera posible. Pero si estás demasiado estresado, el exceso de dopamina puede hacerte actuar de manera más impulsiva (sin pensar bien las cosas).

El estrés lleva también a un incremento de dopamina y norepinefrina en la amígdala, lo que muestra que tu amígdala está activada por el estrés y lista para llevar a tu cerebro hacia el modo emergencia.

Tu hipocampo, o centro de la memoria, también resulta activado por el estrés, como muestra la elevación de los niveles de dopamina, serotonina, norepinefrina y GABA. Tu respuesta al estrés se ve afectada por tus experiencias pasadas. Los recuerdos almacenados en tu hipocampo añaden un nivel de motivación o emoción a la situación estresante. Recuerda que tu corteza prefrontal integra información de tu hipocampo acerca de la habilidad que tienes en manejar este tipo de situación, y se comunica con tu amígdala para calmar tu respuesta al estrés. Pensar cómo has tratado factores estresantes similares en el pasado puede ayudar a que te sientas más calmado y enraizado. A menudo animo a mis pacientes a pensar en situaciones estresantes a las que han sobrevivido o que han dominado, para que puedan aplicar las mismas habilidades a sus factores estresantes actuales.

Por otra parte, recuerdos de resultados negativos del pasado ante situaciones estresantes o de haberse sentido impotente pueden aumentar el estrés de la situación actual. Tu amígdala y tu hipocampo pueden comunicarse entre sí directamente, sin pasar por tu corteza prefrontal. Esto puede producir un bucle de retroalimentación negativo que incremente tu nivel de estrés general y haga que a tu corteza prefrontal le resulte más difícil calmarte.

Tu respuesta al estrés se desarrolla en tu cerebro y el resto de tu cuerpo a través de los neurotransmisores y las hormonas que afectan tanto a tus reacciones corporales como a tu respuesta emocional a la situación. En la sección siguiente, aprenderás más acerca de los efectos a largo plazo del estrés crónico sobre tu mente y tu cuerpo. Conocer los efectos del estrés crónico puede ayudar a que te motives para manejar tu estrés antes de que llegue a ser perjudicial para tu salud.

LOS EFECTOS DEL ESTRÉS CRÓNICO

Con el tiempo, el estrés puede afectar a tu cerebro, tu corazón, tu peso, tu resistencia a la enfermedad e incluso tu constitución genética. Una preocupación y una ansiedad duraderas pueden exacerbar tu estrés y no darle a tu organismo la oportunidad para descansar y recuperarse.

El estrés y el cerebro

Un estrés prolongado o excesivo interfiere en el funcionamiento del cerebro de varias maneras. Daña la capacidad que tienen tus células para transportar y utilizar glucosa (una importante fuente de energía). Sin suficiente glucosa, las células del cerebro son menos resilientes y más vulnerables ante el daño. Tu hipocampo es especialmente sensible a los efectos perjudiciales del cortisol. Un exceso de cortisol afecta a la capacidad de tu hipocampo para producir células cerebrales nuevas y reparar las células ya existentes. Esto puede influir negativamente en tu capacidad de aprendizaje, tu memoria y tu estado de ánimo. El estrés crónico y el exceso de cortisol pueden fortalecer las conexiones entre tu amígdala y tu hipocampo de manera que te predisponga a un estado crónico de alerta por emergencia. Al mismo tiempo, puede debilitar la conexión entre esas áreas y tu corteza prefrontal, lo que desemboca en una menor regulación de tu respuesta al estrés por las partes racionales de tu cerebro. En otras palabras, demasiado estrés puede llevar a tu cerebro a hacerse más reactivo de manera automática, con menos capacidad para apaciguar tu respuesta al estrés mediante el pensamiento lógico. De ahí que las estrategias de este libro, como mindfulness, que aumentan la conexión entre la corteza prefrontal y la amígdala, resulten especialmente efectivas para calmar el estrés al que estás sometido.

El estrés y el corazón

Cuando tu corazón experimenta brotes repetidos de epinefrina (debido a un estrés crónico), el revestimiento de tus vasos sanguíneos puede dañarse, elevando el riesgo de hipertensión, derrame cerebral y ataque al corazón. El estrés puede llevarte también a embarcarte en conductas insanas que aumentan el riesgo de enfermedades cardíacas. Puedes abusar del alcohol, de fumar o de comer excesivamente. También puedes volverte hostil e irascible. Si esto te describe, es hora de que hagas unas cuantas respiraciones hondas para poner freno a tu respuesta de «luchar, huir o inmovilizarse» y que tu corteza prefrontal tenga tiempo de apaciguarte.

El estrés y el aumento de peso

El cortisol incrementa tu apetito, porque la comida te da energía para la inminente «batalla». También interfiere en el sueño, y cuando estás cansado comes alimentos menos saludables. A largo plazo, el estrés crónico puede incrementar el azúcar en sangre y provocar que tu cuerpo acumule un exceso de grasa, especialmente en el abdomen. Aunque este resultado del estrés puede que ayudase a nuestros antepasados protegiendo sus órganos en las peleas (Epel *et al.* 2000), es perjudicial para tu salud. De hecho, el cuerpo «con forma de manzana», con unas caderas y una cintura muy desarrolladas, es un factor de riesgo en enfermedades cardíacas, independientemente del peso. Así pues, si eres una de esas personas que no pueden evitar el «comer emocional» o que parecen no poder perder más peso a partir de cierto punto, incluso reduciendo la ingesta de calorías, el estrés crónico podría ser la razón. En ese caso, las estrategias de reducción del estrés que contiene este libro pueden ayudarte de manera natural a perder grasa abdominal (¡sin hacer dieta!).

El estrés y el sistema inmunitario

Los primeros estudios sobre el estrés y el sistema inmunitario, a comienzos de los noventa del siglo pasado, se centraron en estudiantes de medicina que iban a tener exámenes. Se halló que durante períodos breves de exámenes, de únicamente tres días, los estudiantes experimentaban un aumento de células inmunitarias, que luchan contra tumores e infecciones virales (Glaser *et al.* 1993). Cientos de estudios posteriores en el campo de la psiconeuroinmunología hallaron algunos patrones claros: estresar a las personas durante unos cuantos minutos en el laboratorio (haciéndoles que tuvieran que hablar en público o realizar operaciones aritméticas) producía un aumento en un tipo de inmunidad junto a otros signos de fortalecimiento inmunitario. Sin embargo, un estrés crónico que durase entre unos días y unos meses o años parecía debilitar el sistema inmunitario (Glaser y Kiecolt-Glaser 2005).

Investigadores de la Universidad Carnegie Melton midieron los niveles de estrés de sujetos y luego los aislaron en habitaciones de hotel (para minimizar las influencias externas) y los expusieron a un resfriado común. Aquellos que se hallaban bajo un mayor estrés era más probable que se resfriaran (Cohen, Tyrell y Smith 1991).

Cuando tu sistema inmunitario hace frente a virus o bacterias dañinos (patógenos), libera sustancias químicas llamadas *citocinas inflamatorias* para luchar contra el agresor. Esta respuesta, conocida como *inflamación*, es un proceso normal que te mantiene sano. En condiciones no estresantes, después de haber derrotado a los patógenos, un bucle de retroalimentación que incluye cortisol reduce la respuesta inflamatoria. Pero demasiado estrés parece volver a tu sistema inmunitario insensible a esta función del cortisol. Esto puede hacerte más vulnerable a las alergias y al asma, o a enfermedades inflamatorias como la diabetes y los ataques al corazón.

El estrés y el envejecimiento celular

En un estudio de los efectos del estrés crónico sobre el envejecimiento celular, investigadores de la Universidad de California seleccionaron madres de niños con autismo y enfermedades crónicas. Midieron los telómeros, una parte del ADN (tu material genético) que controla el envejecimiento celular. Un modo de representar los telómeros es pensar en un cromosoma (una hebra de genes) como un cordón de zapato; el telómero es la cubierta de plástico que protege el ADN de cualquier daño. Los telómeros se reducen de manera natural al envejecer, haciendo al ADN más vulnerable y fácil de deshilacharse.

Resulta que los telómeros son altamente sensibles al estrés crónico. Las madres que decían estar más estresadas tenían telómeros mucho más cortos, el equivalente al menos a diez años de envejecimiento extra (Epel *et al.* 2004). Sin embargo, aquellas que no percibían sus vidas como altamente estresantes, aunque tuvieran un hijo con una incapacidad crónica, no mostraban el efecto de acortamiento de los telómeros.

En otras palabras, ¡como ves, tu estrés es importante! Si puedes hallar una manera de aligerar tu carga psicológicamente, tu mente y tu cuerpo serán más resistentes al estrés y tus factores estresantes no calarán tanto en ti. Este libro te proporcionará una variedad de herramientas psicológicas para manejar tu estrés, como verás en los capítulos siguientes. Pero, primero, echemos una ojeada a lo estresado que te sientes.

¿CUÁL ES TU NIVEL DE ESTRÉS?

Tomémonos un momento para valorar tu «estrés percibido», es decir, lo estresado que te sientes, independientemente de cuál sea la razón. Cuando se trata de predecir cómo afectará el estrés a tu salud a largo plazo, tu sensación de estar estresado y descontrolado es tan importante como los factores estresantes reales a los que haces frente. Esto es una buena noticia, porque no siempre podemos escoger aquello con lo que tenemos que habérnoslas en la vida, pero sí podemos cambiar cómo sentimos el estrés y lo que pensamos de él.

PRÁCTICA: MEDIR TU NIVEL DE ESTRÉS	
Rodea con un círculo, en cada caso, aquello que mejor representa tu respuesta, siendo 0 = nunca; 1 = ocasionalmente o casi nunca; 2 = a veces; 3 = bastante a menudo y 4 = muy a menudo. En el mes pasado...	
Te has enfadado a causa de un suceso inesperado o una frustración	0 1 2 3 4
Has creído que no podrías controlar desenlaces importantes de la vida	0 1 2 3 4
Te has sentido nervioso y estresado	0 1 2 3 4

PRÁCTICA: MEDIR TU NIVEL DE ESTRÉS	
Has creído que tenías que manejar más cosas de las que podías	0 1 2 3 4
Te has sentido irritado e impaciente debido a trivialidades	0 1 2 3 4
Has sentido que se te aceleraba el corazón o se retorcía tu plexo solar	0 1 2 3 4
Has sido incapaz de dormir a causa de tus preocupaciones	0 1 2 3 4
Te has sentido ansioso al despertarte por la mañana	0 1 2 3 4
Has tenido dificultad para concentrarte debido a tus problemas	0 1 2 3 4
Si has rodeado al menos dos 2, 3 o 4, probablemente sientes al menos un estrés moderado. Si has rodeado muchos 3 o 4, probablemente padeces un estrés elevado y no lo estás manejando bien por ti solo. Quizás quieras consultar a un profesional de la salud además de utilizar las herramientas de este libro.	

PENSAMIENTOS FINALES

En este capítulo, has aprendido la diferencia entre el estrés agudo y el estrés crónico, cómo tu cerebro los procesa y cómo tu hipotálamo, tu sistema nervioso autónomo y tu nervio vago controlan tu respuesta al estrés de tu cuerpo. Has aprendido cómo la comunicación entre tu amígdala, tu hipocampo y tu corteza prefrontal puede modificar tu respuesta al estrés y has conocido algunos datos acerca de los efectos dañinos del estrés crónico y de los niveles de cortisol elevados. En el capítulo siguiente, aprenderás más sobre los diferentes tipos de factores estresantes que hay en la vida, para que puedas gestionar mejor tu situación concreta.

CAPÍTULO

2

¿A QUÉ TIPO DE FACTOR ESTRESANTE TE ENFRENTAS?

El primer paso a la hora de manejar tu estrés es comprender a qué tipo de factor estresante te enfrentas. Hay muchos tipos diferentes de agentes estresantes, incluyendo las transiciones propias del desarrollo, sucesos importantes, factores estresantes crónicos, dificultades cotidianas, efectos secundarios procedentes de sucesos traumáticos de la infancia y otros traumas. Puedes estar haciendo frente al estrés en un área importante de tu vida, como el trabajo, la familia, la paternidad o la salud. En este capítulo, conocerás estos tipos distintos de factores estresantes, los retos específicos que suponen y lo que la investigación ha descubierto sobre sus efectos. Todo ello te ayudará a conocer por qué una situación te resulta estresante y si para otros también lo es. Se incluyen igualmente ejercicios para ayudarte a valorar tu estrés. Comparar las puntuaciones totales al final del capítulo para determinar las causas principales de tu estrés te ayudará a decidir cuál de las estrategias que expondré más tarde puede ser la más útil para ti.

TRANSICIONES PROPIAS DEL DESARROLLO

Las transiciones propias del desarrollo son cambios en etapas determinadas de tu vida que exigen que te adaptes a circunstancias nuevas. Ir a la universidad, comprar una casa, comenzar un trabajo nuevo o un programa de estudios, casarte, tener un hijo y jubilarte son todas ellas transiciones propias del desarrollo. A menudo agridulces, estas transiciones pueden provocar estrés y ansiedad, igual que una sensación de significado o realización. Tómate un momento ahora para valorar a qué transiciones propias del desarrollo puedes estar enfrentándote.

PRÁCTICA: VALORAR LAS TRANSICIONES PROPIAS DEL DESARROLLO

Pon una marca en todos los sucesos que experimentaste el año pasado y que fueron al menos moderadamente estresantes.

- ❑ Traslado de domicilio o compra de casa.
- ❑ Embarazo o tener un hijo.

- ❑ Adoptar un niño.
- ❑ Hijos que se van de casa.
- ❑ Comenzar un nuevo trabajo u obtener una promoción.
- ❑ Primer año de universidad, comenzar estudios de graduación o cambio de escuela.
- ❑ Iniciar un noviazgo o casarte.
- ❑ Terminar la carrera universitaria.
- ❑ Otras transiciones de la vida (descríbelas) ____

____

TOTAL: __________

Aunque la mayoría de la gente se adapta a las transiciones propias del desarrollo sin grandes trastornos y termina sintiéndose cómoda con la «nueva normalidad» en pocos meses, algunos lo pasan peor. Tu constitución genética puede hacerte menos adaptable al cambio o más propenso a tener ansiedad. Además, factores como los siguientes pueden afectar a la cantidad de estrés que experimentas:

- Si eliges la situación o no.
- Si estás haciendo frente a otros factores estresantes al mismo tiempo.
- Los recursos y el apoyo de los que dispongas.
- Problemas u obstáculos inesperados.
- Lo significativa que sea para ti la situación.

Jan, una chica que acababa de terminar el instituto, se disponía a ir a la universidad de sus sueños en Nueva York. Quería especializarse en negocios internacionales y había investigado mucho para encontrar el centro adecuado. Su compañera de habitación le había caído muy bien enseguida, estaba sacando buenas notas y había encontrado un trabajo a tiempo parcial que le permitía tener suficiente dinero para explorar museos y barrios de moda los fines de semana. Aunque había perdido a sus antiguos amigos, se sentía satisfecha y entusiasmada con su nueva vida.

Wendy también acababa de empezar sus estudios superiores. Había entrado en una gran universidad estatal en el Medio Oeste, que era su quinta preferencia, y estaba estudiando ciencias y matemáticas con la esperanza de entrar en la facultad de medicina. Sus clases eran mucho más difíciles de lo que esperaba, y estaba empezando a cuestionarse el futuro de su carrera. Wendy venía de un pueblo pequeño, y encontró el campus enorme e impersonal. Era tímida y le daba la impresión de que no encajaba allí. Como resultado, estaba triste y echaba mucho de menos a su familia y sus amigos. También estaba luchando económicamente. Aquello no era lo que había esperado, y a mediados del primer semestre se sentía tan desgraciada que pidió una cita en el centro de orientación del campus.

¿Por qué la transición a la universidad fue tan fácil para Jan y tan dura para Wendy? Varios elementos indican la diferencia:

- **El grado de elección.** Jan consiguió la universidad que era su primera opción, mientras que las circunstancias dictaron a qué universidad iría Wendy.
- **La adaptabilidad.** Jan se sentía cómoda en una ciudad nueva y grande, mientras que Wendy luchaba por adaptarse.
- **La pérdida de antiguos roles y relaciones.** Jan no se sentía nostálgica, mientras que Wendy echaba de menos la familiaridad y la comodidad de casa.
- **La correspondencia entre capacidades y dificultades.** Las capacidades académicas de Jan se correspondían con las exigencias de la universidad, mientras que no era ese el caso de Wendy.
- **El apoyo social.** Jan se sintió unida rápidamente a su compañera de habitación, mientras que Wendy se sentía aislada.
- **El significado y la satisfacción.** Jan se sentía satisfecha con la dirección que había elegido, mientras que Wendy estaba insegura de si el curso de introducción a la medicina era adecuado para ella.
- **Los recursos.** Jan disponía de dinero suficiente para realizar algunas actividades divertidas que

aliviasen su estrés, mientras que Wendy hacía frente a dificultades económicas.

Comparada con la de Jan, la transición a la universidad en el caso de Wendy era menos controlable, así como menos significativa y satisfactoria. Las nuevas exigencias superaban el nivel de sus capacidades, tanto social como académicamente, y se sentía sola, sin amigos ni familia que la reconfortasen. Los problemas económicos se añadían a su estrés. El cerebro de Wendy etiquetaba las nuevas exigencias académicas, sociales y económicas, igual que su incertidumbre ante la carrera, como amenazas. Su amígdala provocaba la respuesta «luchar, huir o inmovilizarse» sobre la que te he hablado en el capítulo anterior y «secuestraba» a su cerebro entrando en modo estrés crónico que le impedía disfrutar de su nueva vida. Jan, por otra parte, no experimentó semejante «secuestro» de su amígdala, o si lo hizo, su corteza prefrontal podía hacerse presente rápidamente y calmarla o recordarle los aspectos positivos de la situación.

¿Eres como Jan, o eres más como Wendy? Si eres como Wendy, puedes estar tentado a criticarte por no adaptarte a las nuevas situaciones tan bien como Jan, ¡especialmente si alguien que forma parte de tu vida sigue comparándote con una persona como Jan! Pero es importante dar un paso atrás y ver que tus circunstancias son únicas y que tu sensación de estrés puede ser normal para tu temperamento y tu situación. Dicho esto, has comprado este libro porque te gustaría desarrollar un cerebro más a prueba de estrés. Aunque no seas una Jan (y quizás ni siquiera lo desees), puedes aprender estrategias funcionales que te ayuden a ser la versión más resiliente de *ti mismo*.

Para la mayoría de nosotros, las transiciones propias del desarrollo constituyen un tipo manejable de factor estresante: después de un cierto tiempo, aprendemos a adaptarnos a la nueva situación. No obstante, para algunas personas, la falta de recursos, apoyo, habilidades o capacidad de controlar la situación exacerba la naturaleza estresante de las transiciones del desarrollo. En la sección siguiente, analizaremos un tipo de factor estresante que implica también un cambio en la vida, pero carece de los aspectos potencialmente positivos y satisfactorios de las transiciones del desarrollo.

LOS SUCESOS IMPORTANTES

Aunque la mayoría de las personas desarrollan las habilidades necesarias para habérselas con las transiciones propias del desarrollo, hay otra categoría de acontecimientos estresantes en la vida que tienen que ver con el fracaso, la amenaza o la pérdida y que pueden resultar más difíciles. Estos *sucesos importantes* incluyen la pérdida del trabajo, el divorcio, una enfermedad grave y la infertilidad, así como una adicción, una aventura amorosa o la enfermedad o muerte de un ser querido. Generalmente causan trastornos; provocan rabia, miedo o tristeza, y exigen tiempo y dinero para gestionarlos.

Los sucesos importantes implican la pérdida de algo tangible, como dinero, propiedades, estatus, posición u oportunidades. Además, tus relaciones, tus rutinas o tu salud pueden verse afectadas. En un nivel más abstracto, puedes perder la sensación de certidumbre respecto al futuro, un objetivo o un sueño, la sensación de seguridad, la confianza en ti mismo, o la confianza en los otros. Puede que tengas que hacer frente al *shock* de oír malas noticias, a una anticipación ansiosa de lo que pueda suceder, a tratamientos médicos desagradables, a acciones judiciales o a cambios difíciles en el tipo de vida.

El número de sucesos importantes que has experimentado recientemente puede afectar a tu resistencia a la enfermedad, haciéndote vulnerable a los resfriados y la gripe. También pueden menoscabar tu salud mental. A cuantos más sucesos importantes de la vida estés expuesto, más probable es que te diagnostiquen depresión o trastorno de ansiedad. Los sucesos importantes pueden volverte también más vulnerable a los factores estresantes de la vida cotidiana. Un factor estresante como el desempleo, el divorcio o la muerte de un ser querido puede sensibilizar tu amígdala, haciéndola más reactiva a las dificultades diarias, como el tráfico o una casa desordenada. A pesar de todo ello, muchas personas son capaces de hacer frente a los sucesos importantes sin experimentar efectos negativos a largo plazo.

Más adelante analizaremos algunos tipos particulares de sucesos importantes, como la pérdida del puesto de trabajo y la ruptura de relaciones. Estos acontecimientos pueden dar la impresión de que suponen un fracaso o un obstáculo para progresar en una función importante de la vida. Pueden provocar miedo e incertidumbre o suponer un reto que te haga abandonar ciertos sueños y cambiar tu camino. Cuanto menos resueltos estén los sucesos o más recientes sean, más estrés producen. Tómate un momento ahora para valorar cuántos sucesos importantes has experimentado.

PRÁCTICA: VALORAR LOS SUCESOS IMPORTANTES DE TU VIDA

Pon una marca en todos los sucesos que sientas que no están totalmente resueltos para ti. Haz una doble marca si ocurrieron durante el año pasado.

- ❑ La muerte de un ser querido o de una mascota.
- ❑ Un embarazo o un aborto no deseados.
- ❑ Infertilidad.
- ❑ Ser despedido de un empleo o estar en paro (tú o tu pareja).
- ❑ Fracaso académico.

- ❑ Ser rechazado para una promoción, ascenso o programa.
- ❑ Recibir el diagnóstico de una enfermedad grave o crónica (tú o un miembro de tu familia).
- ❑ Que tu pareja tenga una aventura amorosa física o emocional.
- ❑ La ruptura de una relación romántica.
- ❑ Una discusión con un compañero de trabajo, un supervisor o un amigo.
- ❑ Un anciano de la familia que necesita cuidados.
- ❑ Problemas económicos o judiciales graves.
- ❑ Un accidente de coche o de bicicleta.
- ❑ Un traslado.
- ❑ Otro suceso importante de la vida (descríbelo)

____

TOTAL: ____________

A continuación, aprenderás algo sobre algunos de los distintos tipos de sucesos importantes y las reacciones típicas ante ellos. Desde luego, tus circunstancias vitales concretas, tus cualidades personales, tu temperamento y tus recursos económicos, así como el nivel que tengas de apoyo social, afectarán a lo estresantes que sean para ti esos sucesos.

Desempleo o pérdida del puesto de trabajo

La función de trabajador constituye un aspecto importante de la identidad y el estatus en nuestra sociedad, y perder tu trabajo o no poder encontrar uno puede dañar tu sentido de identidad y de valía. Además, las consiguientes luchas económicas pueden continuar disparando tu amígdala y producir una prolongada respuesta de «luchar, huir o inmovilizarse». El impacto económico y psicológico del desempleo afecta a toda la familia; el estrés en las relaciones es común cuando un miembro de la pareja está desempleado. La incertidumbre, las constantes dificultades económicas y la convivencia con un compañero estresado o deprimido pueden producir estrés crónico también en la pareja.

Actualmente, más del 20% de los estadounidenses despedidos en los últimos cinco años están todavía desempleados, por lo que su situación económica les provoca estrés físico y psicológico. Dos grupos especialmente vulnerables al estrés por desempleo son la generación del nuevo milenio (*milenials*), que buscan un primer trabajo al salir de la universidad, y los trabajadores de más de cincuenta años. Si estás desempleado, el contraste entre lo que esperabas que la vida te ofreciera y lo que tienes puede hacer que tu cerebro entre en modo «luchar, huir o inmovilizarse».

¿Cuál es la mejor manera de hacer frente a un largo período de desempleo? Las investigaciones y los estudios realizados muestran que tener rutinas y proyectos que estructuren tu tiempo, optimismo acerca de la posibilidad de encontrar un nuevo trabajo y el apoyo de la familia y los amigos puede ayudarte a mantener una sensación de normalidad y preservar tu autoestima (McKee-Ryan *et al.* 2005). Más importante aún es hallar una sensación de identidad central positiva. El truco está en verte como valioso o con éxito en la vida a pesar de estar desempleado. En otras palabras, puedes hallar un sentido de identidad basado en tus valores centrales o tus relaciones principales, más que en sucesos que no puedes controlar, como encontrar un trabajo muy bien remunerado. Por ejemplo, pensar en ti como un buen padre, un compañero sentimental, amigo o miembro de la familia afectuoso, una persona de buen carácter o alguien que contribuye positivamente a su comunidad o aporta algo al mundo. Las estrategias que aprenderás en este libro pueden ayudarte a hallar un sentido duradero de valía propia para que puedas tolerar mejor el desempleo y otros factores estresantes.

Ruptura de una relación

Muchos de mis pacientes llegan la primera vez a terapia para evitar o gestionar la ruptura de una relación estrecha. Generalmente, la ruptura es no deseada y toca sentimientos subyacentes de baja autoestima y apego por inseguridad.

> Los padres de Becky formaron parte de la generación *hippie* que surgió en Occidente para buscar paz y amor. En lugar de eso terminaron siendo adictos al alcohol y las drogas. Se separaron cuando Becky tenía cuatro

> años, y su madre la arrastró de comuna en comuna, dejándola con extraños mientras ella salía y se iba de fiesta. Becky creció sintiendo que no era importante ni deseada. Cuando vino a verme para recibir terapia, acababa de descubrir que su novio desde hacía dos años no estaba preparado para comprometerse. Se sintió abandonada y rechazada. Antiguos sentimientos de pérdida y baja autoestima volvieron a inundarla. Estaba todo el tiempo obsesionada con su exnovio y dando vueltas en su mente a cada aspecto de la relación, juzgando todo aquello en lo que se había equivocado. No quería salir de su piso por miedo a toparse con su ex. Se sentía muy cansada y tenía dolores de cabeza, lo cual empeoró cuando comenzó a beber más.

¿Qué se cocía en el cerebro de Becky? Su experiencia de ser desatendida de niña había preparado su cerebro para convertir el estrés agudo de la ruptura en estrés crónico. Su amígdala y su hipocampo produjeron un ciclo de refuerzo mutuo que agravó su constante respuesta al estrés. Como consecuencia, Becky se sentía «paralizada», estancada en el pensamiento obsesivo sobre su ex e incapaz de buscar relaciones o actividades nuevas que reemplazaran el amor perdido. Los seres humanos estamos programados para conectar con otras personas; nuestros cerebros perciben la pérdida de un compañero y el rechazo como factores estresantes graves.

FACTORES ESTRESANTES CRÓNICOS

Los factores estresantes crónicos son aquellos que se repiten o se mantienen constantes en áreas importantes de la vida. Estas áreas tienen que ver con el matrimonio, la paternidad, el trabajo, los estudios y las relaciones familiares. Los factores estresantes crónicos generalmente son situaciones comunes pero difíciles y dolorosas, como ser acosado en la escuela o por tu jefe, tener un matrimonio desdichado, verse ante un miembro de la familia enfermo, adicto o con un trastorno mental, o sufrir una enfermedad crónica. Dediquemos ahora un instante a valorar tus factores estresantes crónicos.

PRÁCTICA: VALORAR TUS FACTORES ESTRESANTES CRÓNICOS

Pon una marca en todos los factores estresantes que experimentes de manera regular.

- ❑ Peleas con tu pareja, compañeros de habitación o vecinos.
- ❑ Estrés económico, una deuda excesiva.
- ❑ La pareja, un hijo o un padre con enfermedad mental o física grave.
- ❑ La pareja, un hijo o un padre con drogadicción.
- ❑ El cuidado de un hijo, un adulto o una mascota con enfermedad o incapacidad grave.

- ❑ Un alto nivel de estrés o de exigencia en tu trabajo.
- ❑ Dificultades académicas.
- ❑ Soledad.
- ❑ Dificultad en cumplir las responsabilidades por cuestión de tiempo, dinero o salud.
- ❑ Falta de apoyo o cooperación por parte de los demás.
- ❑ Interacciones negativas con amigos, familia o compañeros de trabajo.
- ❑ Unas circunstancias ruidosas, abarrotadas de gente o incómodas.
- ❑ Dolor, enfermedad o incapacidad crónica.
- ❑ Trabajo monótono o no sentirse valorado por las contribuciones que uno hace.
- ❑ Viajar excesivamente (por ejemplo, un desplazamiento diario largo o viajes de trabajo en fines de semana).
- ❑ Insatisfacción crónica con tu peso.
- ❑ Un desorden alimentario.
- ❑ El trato con una expareja difícil o una situación de familia reconstruida.
- ❑ Otros factores estresantes crónicos (descríbelos) ______________________________

  ____

TOTAL: ____________

Ahora analizaremos algunos de estos factores estresantes crónicos.

Cuidar de un miembro de la familia con una incapacidad o una enfermedad

Cuidar de un miembro de la familia con una incapacidad o una enfermedad grave es uno de los tipos más difíciles de estrés crónico. Los cuidadores a menudo se sienten frustrados y saturados. Con frecuencia no pueden tomarse un descanso sin tener que buscar a alguien que los sustituya. Quizás lo más estresante de todo es ser el cuidador de un paciente de alzhéimer que no puede conectar contigo de manera significativa. Muchos estudios muestran cómo esta población estresada de manera crónica es propensa a una disminución inmunitaria y a sufrir inflamaciones. No obstante, percibir que tu papel tiene sentido o que lo has elegido tú mismo puede ser un factor protector. Por ejemplo, elegir cuidar a alguien por amor o porque la lealtad y la compasión son valores importantes para ti puede amortiguar el estrés.

Un matrimonio o una relación infeliz

Tener un matrimonio o una relación primordial crónicamente infeliz también puede provocar un estrés crónico perjudicial. Según un estudio (Troxel *et al.* 2005), era tres veces más probable que mujeres de mediana edad que informaban de estar insatisfechas con su matrimonio en dos ocasiones distintas (con una distancia de once años entre ambas) sufrieran el síndrome metabólico (un síndrome que incluye presión sanguínea elevada, azúcar en sangre alta, exceso de grasa alrededor de la cintura y colesterol alto, todos ellos factores de riesgo de una enfermedad crónica) en comparación con las que estaban insatisfechas solo en una de esas ocasiones o estaban satisfechas en ambas.

Es interesante el hecho de que las mujeres que estuvieron estresadas solo una de esas dos veces no vieran aumentado el riesgo de padecer el síndrome metabólico, lo que indica que el estrés crónico, más que el estrés agudo, era el factor determinante. En otras palabras, si experimentas tanto épocas felices como infelices en tu matrimonio, o si arreglas y resuelves tus conflictos matrimoniales a tiempo, esto puede protegerte de los efectos dañinos del estrés.

Estrés laboral

El trabajo puede ser una fuente de satisfacción vital y de autoestima, pero también puede ser una fuente de gran estrés. Muchos trabajadores declaran trabajar doce horas al día, sin descanso para comer, por lo que sufren dolores, principalmente en el cuello o en la espalda, o son más propensos a enfermar a causa del estrés. El estudio Whitehall II (Marmot et al. 1991), un estudio a gran escala de miles de funcionarios del servicio público de Inglaterra, encontró que trabajadores de niveles inferiores (con menos estatus, educación y salario) experimentaban más estrés laboral que los trabajadores de niveles superiores y presentaban un mayor riesgo de obesidad, adicción al tabaco, hipertensión y enfermedades cardíacas. De modo que no es el jefe, en la oficina central, quien tiene un mayor estrés –es el trabajador que debe cumplir plazos estrictos o cuotas sin tener control sobre los horarios ni las exigencias–. Los trabajos con un alto nivel de exigencias, en los que el trabajador tiene poco control sobre la toma de decisiones o la distribución de recursos son los más estresantes.

El estrés laboral depende también de la adecuación del trabajador a su puesto. Algunas personas se encuentran a gusto en entornos altamente estresantes, mientras que otras se sienten sobrepasadas. No obstante, algunas situaciones son estresantes para casi todo el mundo, como cuando sientes que hay riesgo de perder el trabajo o cuando no puedes confiar en tus jefes ni en tus colegas. La práctica siguiente te ayudará a valorar tu estrés laboral.

PRÁCTICA: ¿HASTA QUÉ PUNTO ES ESTRESANTE TU TRABAJO?

Los siguientes puntos describen algunos de los tipos más frecuentes de estrés laboral. Escribe un número del 1 (nada estresante) al 7 (extremadamente estresante) en cada tipo de estrés que estés experimentando actualmente. Tu puntuación debe representar lo estresado que te encuentras en ese aspecto de tu trabajo.

____ Exigencias elevadas de productividad.
____ Tiempo, equipamiento y personas insuficientes para hacer el trabajo.
____ Insuficiente autoridad o control sobre las decisiones.
____ Personas difíciles o exigentes.
____ Tener que estar constantemente «de servicio», sin descanso.
____ Falta de sentido en tu trabajo o en la misión de la compañía.
____ Interferencias del trabajo en la vida familiar.
____ Formación o apoyo insuficiente para hacer tu trabajo.
____ Un jefe hostil o poco razonable.
____ Falta de reconocimiento o recompensa por tu trabajo.
____ Falta de apoyo de los compañeros de trabajo.
____ Trabajo monótono o aburrido.
____ Inseguridad laboral.
____ No sentirte bien tratado ni compensado.
____ Sentirte quemado o agotado.

Presta especial atención a los puntos en que has puesto un 6 o un 7. Estos aspectos de tu trabajo podrían ser crónicamente estresantes para tu cuerpo, y puede que sea el momento de valorar tus opciones. Dependiendo de tus circunstancias, tal vez quieras decir lo que piensas, pedir más recursos o formación, desarrollar una mejor actitud, delegar más tareas o prescindir de algunas o buscar un trabajo diferente.

Soledad

Sentirte solo es estresante para tu mente y para tu cuerpo. Nuestros antepasados vivían en tribus y dependían de otros para cazar o reunir comida, educar a sus hijos y defenderse de los predadores. Tu cerebro está programado para conectar con otras personas e interpreta la soledad como un factor estresante crónico, que desencadena tu respuesta de «luchar, huir o inmovilizarse».

Puedes estar solo incluso en una habitación llena de gente, si no sientes que se preocupan por ti o que tus necesidades son importantes para ellos. Por tanto, la soledad puede valorarse en términos de aislamiento social o simplemente por lo solo que uno se sienta. Ambos tipos de soledad parecen perjudiciales para tu salud, pero sentirte solo puede ser incluso peor. La práctica al final de esta sección te ayudará a valorar tu soledad.

Empleando herramientas de la biología molecular, algunos investigadores han estudiado los efectos de la soledad sobre los genes. Han hallado que los genes que promueven la inflamación están más activos en la gente que se siente sola, al tiempo que los que inhiben la inflamación están menos activos (Cole *et al.* 2007). Esto puede explicar por qué la soledad aumenta el riesgo de que se produzcan inflamaciones, asma o enfermedades autoinmunes.

Cierta soledad puede ser inevitable a medida que nos hacemos mayores: los amigos mueren o se alejan, o los miembros de la familia están demasiado ocupados haciendo malabarismos con el trabajo y los hijos, para visitarnos o llamarnos. Se puede estar más solo en ciertas etapas de la vida, como al empezar la universidad, después de graduarte, al tener un hijo, cuando los hijos se van de casa o tras jubilarte o perder a tu cónyuge. En estos días, muchos padres configuran su vida alrededor de las actividades de sus hijos, con poco tiempo para profundizar e invertir en sus propias amistades; esto da como resultado una gran soledad cuando sus hijos marchan. Pero la soledad puede ser también un sentimiento subjetivo que no se relacione con ninguna etapa particular de la vida. El siguiente ejercicio puede ayudarte a decidir si la soledad es un factor estresante para ti.

PRÁCTICA: ¿HASTA QUÉ PUNTO ESTÁS SOLO?

Pon una marca en todas las afirmaciones que sean ciertas para ti.

- ❑ No tengo personas con las que reunirme o realizar actividades.
- ❑ Cuando necesito ayuda, no tengo a nadie a quien pedírsela.
- ❑ No tengo amigos cercanos.
- ❑ Me siento rechazado o excluido.
- ❑ No me siento parte de un grupo o una comunidad.
- ❑ No tengo nadie con quien hablar.

- ❑ Mis relaciones son superficiales.
- ❑ Me cuesta mucho hacer amigos.
- ❑ No me invitan a ninguna parte.
- ❑ Me siento solo la mayor parte del tiempo.

Muchas personas puntúan la mitad o menos de estas afirmaciones como ciertas. Si puntúas positivamente más de la mitad de las afirmaciones, la soledad puede que sea un factor estresante para ti.

En este libro, aprenderás estrategias para gestionar la soledad; no obstante, más vale prevenir que curar. Tener unos cuantos amigos cercanos, cuidar las relaciones con las amistades, la familia o los compañeros de trabajo, y estar comprometido con una comunidad es beneficioso para tu salud física y tu salud mental, especialmente cuando experimentas factores estresantes importantes. De modo que conviene mantenerse en contacto con viejos amigos y con la familia, estar conectado con los vecinos o los compañeros de trabajo y buscar maneras de ser un miembro de tu comunidad que contribuya en algo y se preocupe por los demás.

DIFICULTADES DIARIAS

Las dificultades diarias son las irritaciones menores que todos experimentamos. La impresora se atasca o pierdes las llaves. Te quedas atrapado en el tráfico o no hay nada para comer en casa. Te ponen una multa de tráfico o tienes que pagar un cargo de demora. Tu pareja está malhumorada o tus hijos no recogen sus cosas. Tu perro se ensucia o hace un hoyo en el jardín.

Estas molestias pueden desencadenar constantemente tu respuesta al estrés a niveles bajos, sumándose hasta llegar a producir mucha frustración e interferir en tus objetivos. Aunque algunas personas se recuperan rápidamente de estos tipos de factores estresantes, otras se vuelven más sensibles y tienen una reacción fuerte. Concédete un momento para valorar tus dificultades cotidianas.

PRÁCTICA: VALORAR TUS DIFICULTADES DIARIAS

Pon una marca en las dificultades que experimentes regularmente.

- ❑ Retrasos por el tráfico; conductores lentos o agresivos.
- ❑ Reparaciones costosas o prolongadas de la casa o el coche.
- ❑ Problemas con el ordenador u otros aparatos.
- ❑ No saber habitualmente dónde dejas tus llaves, tu cartera, tu móvil u otros objetos importantes.
- ❑ Acumulación de trabajo o de tareas domésticas.
- ❑ Dificultades logísticas respecto al cuidado de tus hijos.

- ❑ Falta de cumplimiento de los compromisos por parte de otras personas.
- ❑ Problemas con animales, roedores o mascotas.
- ❑ Exigencias de miembros de la familia o amigos.
- ❑ Exceso de correos electrónicos, llamadas o papeleo.
- ❑ Resfriados o gripe frecuentes (tú o algún miembro de la familia).
- ❑ Otras dificultades diarias (descríbelas) _______

____

TOTAL: _________

Hay muchas razones por las que las dificultades diarias pueden activar la respuesta «luchar, huir o inmovilizarse» de tu amígdala. La primera de ellas es que pueden bloquearte ante un objetivo importante, y puedes verlas como innecesarias o debidas a incompetencia. Muchas veces, al ir al trabajo me he visto detrás de conductores lentos en carreteras de un solo carril. Tengo que observar el modo en que pienso sobre este tipo de situaciones. Si me bombardeo con pensamientos del estilo: «¿Por qué va tan despacio? ¿Está en las nubes?» o «Podría haber pasado ese semáforo si ese tío hubiera avanzado un poco y ahora, por su culpa, estoy aquí detenida durante otros cinco minutos», eso significa que he dado un paso importante hacia el estrés en carretera. Sé que mis pacientes no quieren ver a una terapeuta con el rostro congestionado y murmurando sobre los conductores incompetentes, ¡por no hablar de los efectos a largo plazo sobre mi salud!

Una segunda razón por la que las dificultades diarias pueden convertirse en una fuente mayor de estrés es que cuando se acumulan, no tienes tiempo de recuperarte de un problema antes de que otro asome su fea cabeza. Nuestras mentes y nuestros cuerpos están programados para que el estrés agudo sea seguido por un período de recuperación, ¡no por una lluvia de factores estresantes!

Tengo un buen ejemplo de acumulación de factores estresantes procedente de mi propia vida. Como la vivienda es tan cara en la región de la bahía de San Francisco, la mayoría de la gente no tiene más elección que residir en casas construidas en los años cincuenta en diferentes estados de abandono. En los últimos años, he pasado cientos de horas ocupándome de lavavajillas y lavadoras rotos, excrementos de ratas, nidos de avispas, mapaches, ratones, electricidad que se corta en las tormentas, alcantarillas, tuberías rotas, baños con fugas y un arrendador que tuvimos que llevar a un tribunal de reclamaciones. Ahora entiendo perfectamente por qué algunos estudios sobre el estrés encuentran que las dificultades diarias tienen un efecto dañino sobre la salud de la gente, mayor que los sucesos importantes experimentados en el último año. Cuando no hay tiempo para recuperarse de un problema antes de que golpee el siguiente, tu sistema comienza a desgastarse por el estrés.

Mi manera de gestionar estos factores estresantes inevitables es escribir un libro sobre el estrés. ¿Cuál es la tuya?

Una tercera razón por la que las dificultades cotidianas pueden convertirse en fuentes de estrés importantes es que cuando ya estás estresado por un suceso importante, te quedan pocos recursos para tratar con lo que surge inesperadamente o con el caos de la vida diaria. Muchos ejecutivos con un alto rendimiento pueden tratar hábilmente las crisis importantes en el trabajo, pero estresan a sus esposas con su mal genio o su falta de cooperación. Es como si, añadidos a las exigencias laborales, los problemas diarios y la logística del hogar los llevase al límite.

Otra categoría de factores estresantes que puede tener un gran impacto sobre tu salud es la de los sucesos adversos en la infancia (ACE, por sus siglas en inglés). Aunque estos sucesos ocurrieron hace mucho tiempo, pueden haber formateado tu cerebro para que sea más reactivo a los factores estresantes actuales.

SUCESOS TRAUMÁTICOS DE LA INFANCIA (ACES)

El recuerdo de sucesos traumáticos de tu infancia puede hacerte más reactivo fisiológica y psicológicamente a los sucesos estresantes actuales. Esto se debe a que los acontecimientos traumáticos pueden afectar a tu modo de interpretar el significado de los sucesos estresantes y la facilidad con que se desencadenan en ti sentimientos de impotencia, inseguridad o incompetencia.

Cuando se trata del estrés, es importante comprender y respetar nuestras propias sensibilidades, para no culparnos por reaccionar excesivamente. A menudo, mis pacientes me dicen: «Todo el mundo parece poder lidiar con ello, mientras que yo me siento paralizado y temo que cualquier cosa que haga empeorará la situación». Estas personas pueden haber aprendido de traumas pasados que de una mala situación no hay salida. Sus cerebros tal vez respondan al estrés inmovilizándose porque sus intentos pasados de luchar o huir fueron castigados o ignorados.

Uno de los estudios más extensos de las relaciones entre el trauma infantil y el funcionamiento adulto (Felitti *et al.* 1998; Brown *et al.* 2009) utilizó test físicos y cuestionarios psicológicos para valorar a diecisiete mil participantes. Casi dos terceras partes de los participantes declararon haber experimentado al menos un ACE. Más de uno de cada cinco decían haber experimentado tres o más.

Cuantos más ACE confesaban los participantes, peor era su salud. Aquellos que afirmaron que habían tenido más era más probable que padeciesen enfermedades cardíacas o hepáticas, fumasen, sufriesen alcoholismo, fuesen víctimas de violencia doméstica o se les diagnosticase depresión grave.

A partir de este estudio, parece que el estrés de experimentar múltiples ACE puede afectar a la salud de las personas décadas después. Por eso las potentes herramientas de gestión del estrés contenidas en este libro son tan importantes. Concédete un momento para valorar tus ACE.

PRÁCTICA: VALORAR TUS ACE

Pon una marca en los sucesos traumáticos a los que te viste expuesto antes de los dieciocho años.

- ❑ Malos tratos físicos.
- ❑ Abusos sexuales.
- ❑ Violencia emocional o un padre narcisista.
- ❑ Falta de atención física o emocional.
- ❑ Un padre con problemas de salud mental o de drogadicción.
- ❑ Separación de los padres o divorcio.
- ❑ Un miembro de la familia enfermo o herido.
- ❑ Ser adoptado.
- ❑ Ser testigo de violencia familiar.
- ❑ La muerte de un miembro de la familia o un amigo cercano.
- ❑ Mendicidad o pobreza.
- ❑ Acoso (amenazas, humillaciones, exclusión deliberada, etcétera).

TOTAL: __________

Si tu total es tres o más señales, es especialmente importante que aprendas a gestionar tu estrés.

La siguiente categoría de sucesos que analizaremos es el trauma. Las expresiones *trauma* y *trastorno por estrés postraumático* se asocian a menudo con el combate militar, pero hay muchos tipos diferentes de traumas, como veremos a continuación.

TRAUMAS

Un trauma es un acontecimiento que implica una amenaza a la vida o un daño físico, a ti o a tus seres queridos. Esto incluye muchos ACE, así como otros tipos de victimización, como ser violado, ser asaltado, verse implicado en un accidente grave, sufrir una enfermedad que amenaza tu vida, servir en combate militar o vivir un desastre natural. Después de un trauma, un 15 % de las personas desarrollan un verdadero trastorno por estrés postraumático (TEPT) y muchas otras experimentan síntomas constantes. Los síntomas incluyen:

- Ansiedad elevada.
- Estallidos de ira.
- Disociación o «revisiones mentales» cuando se está estresado.
- Revivir el suceso traumático.
- Dificultad para recordar partes del suceso.
- Creencia en que el mundo es inseguro.
- Dificultades con la intimidad.
- Pesadillas.

Algunas personas con TEPT tienen niveles de cortisol inferiores a aquellos que no lo experimentan. En las personas sanas, el cortisol es más elevado por la mañana; en las que sufren TEPT, los niveles de cortisol son constantes a lo largo de todo el día. Sus sistemas nerviosos autónomos se vuelven más rígidos, de manera que les cuesta que disminuya por la tarde. Además, es más probable que fumen, presenten un mayor riesgo de ataques al corazón y tienen más probabilidades de experimentar dolor crónico. Si crees que puedes tener TEPT, consulta a un profesional de la salud para que realice una valoración.

Tómate un momento ahora para evaluar tu nivel de exposición al trauma como adulto.

PRÁCTICA: VALORAR TUS TRAUMAS DE ADULTO

Pon una marca en los sucesos siguientes a los que hayas estado expuesto como adulto.

- ❑ Violación.
- ❑ Muerte del cónyuge o de un hijo.
- ❑ Violencia física (hacia ti o hacia un ser querido).
- ❑ Un desastre natural (terremoto, inundación, incendio, etcétera).
- ❑ Ser perseguido o amenazado físicamente.
- ❑ Atraco o robo.

❑ Un accidente de coche en el que alguien murió o resultó gravemente herido.

❑ Enfermedad, accidente o lesión graves o que supongan una amenaza para la vida (en ti mismo o en un ser querido).

❑ Combate militar.

❑ Algo espantoso o que te causó un *shock* (en la vida real).

❑ Una relación denigrante verbal o emocionalmente.

TOTAL: __________

CÓMO AFECTAN LOS TRAUMAS Y LOS ACE A TU RESPUESTA AL ESTRÉS

Los traumas y los ACE pueden perturbar la respuesta química de tu cerebro al estrés. Cuando eso ocurre, tu corteza prefrontal no puede valorar adecuadamente la amenaza ni proporcionar una información fidedigna para regular tu amígdala. Esta se vuelve sensible y propensa a etiquetar sucesos inesperados, a menudo sensoriales (como ruidos altos), como si fueran amenazas, lo cual desencadena tu respuesta al estrés demasiado frecuentemente. Los sucesos pueden activar aspectos no procesados de traumas pasados: quizás sientas desazón corporal sin saber por qué o experimentes una rabia o ansiedad que parece desproporcionada a la situación. Si eres vulnerable a esos efectos, la psicoterapia o practicar mindfulness y otros ejercicios de este libro pueden ayudarte a entrenar tu cerebro para responder con más calma al estrés del día a día.

Si frente al estrés de los grandes acontecimientos vitales te sientes abrumado, desbordado emocionalmente, incapaz de pensar con claridad o con miedo a actuar, no necesariamente es culpa tuya ni una señal de que algo funciona mal en ti. Es probable que la respuesta al estrés que da tu cerebro se haya visto afectada por algún trauma o múltiples ACE. Tienes que recordarte constantemente que no es culpa tuya. Y puedes entrenar tu cerebro para volverte más resiliente al estrés.

Este libro te ayudará a tener una respuesta al estrés más sana y organizada. Aprenderás que la valoración automática que tu cerebro realiza de las amenazas puede no ser correcta, es decir, que el solo hecho de sentirte desbordado o paralizado no significa que no puedas aprender a calmarte y gestionar la situación de manera eficaz. La práctica siguiente te ayudará a comprender mejor cómo los traumas pasados o los grandes acontecimientos de la vida pueden influenciar tu reacción a los factores estresantes actuales.

PRÁCTICA: VER CÓMO SE RELACIONAN LOS FACTORES QUE TE ESTRESAN

En un diario o en una hoja de papel, describe el factor o los factores estresantes a los que te enfrentas actualmente. Luego lee las siguientes preguntas y escribe tus respuestas.

- ¿Podrían estar tus factores estresantes o tus traumas pasados afectando a tu valoración de la situación actual o tu respuesta a ella? ¿Ves algunas similitudes entre esos sucesos? ¿Ves algunas diferencias? ¿Tienes elecciones ahora que no tuviste entonces?
- ¿Está la situación actual activando una creencia negativa mantenida durante mucho tiempo, tal como: «Las cosas malas siempre me pasan a mí»? Si es así, ¿qué evidencia hay de que esta creencia es verdadera o falsa justamente ahora?
- ¿Estás utilizando conductas o reglas (como: «No pidas ayuda» y «No muestres tus sentimientos») que desarrollaste como consecuencia de sucesos estresantes en tu pasado? ¿Hasta qué punto estos modos de reaccionar a tus factores estresantes actuales son útiles? Si son inútiles, ¿qué estrategias alternativas podrías intentar?
- ¿Has tenido que enfrentarte a una serie de factores estresantes de la vida? ¿Cómo afecta eso a tu reacción a la situación actual?

- Describe todas las intuiciones nuevas que tengas acerca de cómo sucesos pasados están afectando a tus reacciones actuales al estrés. ¿Hay algunos cambios que puedas hacer ahora que te ayudarían a ser menos reactivo o a gestionarlos de manera más eficaz?

En este capítulo, has aprendido acerca de muchos tipos distintos de factores estresantes. La sección siguiente te ayudará a decidir cuáles de las estrategias que analizaremos en otros capítulos pueden serte de mayor ayuda.

LIDIANDO CON TU FACTOR ESTRESANTE

Cada tipo de factor estresante puede requerir estrategias de respuesta distintas. Si has experimentado algún trauma o múltiples ACE, las estrategias de la segunda parte de este libro, «Calmar tu amígdala», es probable que sean las más útiles. Mindfulness, hacer frente a tus emociones y aceptarlas, la compasión hacia ti mismo y comprender qué aspectos de la situación *puedes* controlar pueden ayudarte a tratar los efectos secundarios emocionales de estos sucesos.

Si estás haciendo frente a las consecuencias de un suceso importante (como un divorcio o la muerte de un ser querido), una situación crónicamente estresante o una acumulación de contratiempos diarios, es probable que te sean útiles las estrategias tanto de la segunda parte como de la tercera, «Poner tu corteza prefrontal en primera fila». Además de comprender y calmar tus emociones, necesitarás reconstruirte. Ver el factor que te estresa como un reto, superar el pensamiento negativo, crear estados mentales positivos y ser animoso te ayudará a seguir adelante. Creando rutinas sanas, puedes establecer una base para una mejor resiliencia ante el estrés.

Si los factores que te estresan son sobre todo transiciones del desarrollo, tienes suerte, porque son más pasajeros y controlables y tienen más aspectos positivos. Los seres humanos tenemos una sorprendente capacidad de adaptarnos a situaciones nuevas, y lo que hoy es estresante puede que no lo sea una vez aprendas otras habilidades o te acostumbres a la «nueva normalidad». Las estrategias tanto de la segunda parte como de la tercera es probable que te sean útiles, por las mismas razones antes indicadas.

Además del tipo de suceso, tus percepciones y juicios sobre la situación afectarán a tu respuesta fisiológica al estrés. Gracias a la práctica siguiente, reconocerás mejor tu reacción, independientemente de cuál sea el tipo de factor estresante al que hagas frente. Te ayudará a comprender por qué te sientes tan estresado y te guiará para cambiar tu pensamiento o emprender alguna acción para mejorar la situación. También puede ayudarte a poner en perspectiva el factor que te estresa y tus reacciones y tratar tu sensación de estrés de manera proactiva, en lugar de evitarlo.

PRÁCTICA: COMPRENDER QUÉ TE RESULTA ESTRESANTE

Piensa en una transición del desarrollo, un acontecimiento fundamental, estrés crónico, contratiempos cotidianos o traumas a los que estés enfrentándote ahora. En un diario o en una hoja de papel, escribe un párrafo en el que describas el suceso (o remítete a la descripción que escribiste en la práctica anterior). Identifica el aspecto más estresante del suceso y explica por qué lo era tanto.

Luego, lee las siguientes preguntas y escribe tus respuestas:

- ¿Cómo te sientes en esta situación? Por ejemplo, puedes tener una o más de las emociones siguientes: rabia, tristeza, confusión, sorpresa, miedo, vergüenza, culpa, felicidad. Intenta nombrar las emociones concretas que sientes. ¿Hay emociones que entren en conflicto entre sí?
- ¿Cuáles son las pérdidas reales o potenciales implicadas en esta situación? Pueden incluir relaciones, estatus o seguridad, cosas materiales, esperanzas o sueños y otros tipos de pérdidas. ¿Qué consecuencias negativas temes? ¿Hasta qué punto son probables estas pérdidas o

consecuencias negativas y cuáles están bajo tu control?

- ¿En qué medida elegiste tú esta situación? ¿Hay alguna manera de que la aceptes, incluso si no la elegiste? ¿Puedes trabajar en la aceptación de esas partes de la situación que están fuera de tu control? ¿Qué puedes hacer para manejar los elementos que puedes controlar?
- ¿Hasta qué punto estás cumpliendo bien con las exigencias de la situación estresante? ¿Estás realizando el trabajo y completando las tareas que necesitas hacer? ¿Estás lidiando con tus emociones de manera eficaz y haciendo elecciones sanas? ¿Estás comunicándote y manejando tus relaciones de un modo eficiente? ¿Qué habilidades (como la asertividad o una buena gestión del tiempo) podrían ayudarte? ¿Cómo podrías empezar a aprender y practicar esas habilidades?
- ¿Hay otros factores estresantes que mermen tu energía, haciéndote más ansioso o complicando más la situación? ¿Cómo puedes centrarte más en hacer una cosa cada vez?
- ¿Qué tipo de ayuda o apoyo necesitas para hacer frente al factor que te estresa o a su impacto emocional? Por ejemplo, ¿necesitas ayuda práctica, información, recursos o apoyo emocional? ¿Quién podría ofrecértelos?
- ¿Qué significado personal o reto positivo puedes hallar en esta situación? ¿Hay una oportunidad de mejorar y crecer como persona, vivir

de acuerdo con tus valores o alcanzar objetivos personales importantes?

Tus respuestas a las preguntas anteriores pueden ayudarte a hacerte una idea de cómo te sientes respecto a un factor estresante particular, por qué te resulta estresante y qué habilidades, apoyos y recursos pueden ayudarte. Cuando superas el factor estresante de manera lógica y paulatina, estás utilizando tu corteza prefrontal para regular la respuesta de tu amígdala a la amenaza, en lugar de limitarte a sentirte ansioso y abrumado.

PENSAMIENTOS FINALES

En este capítulo, has descubierto una valiosa información acerca de los tipos de factores estresantes que te afectan. Hemos analizado cómo los sucesos estresantes pueden acumularse o alimentarse mutuamente, haciendo que tu amígdala sea más reactiva. Has aprendido que tu respuesta al estrés puede resultar perturbada por condiciones adversas en la infancia o por algún trauma y que los sucesos pasados pueden hacerte más reactivo a los factores que te estresan actualmente. Las prácticas te han proporcionado una mejor comprensión de tales factores estresantes, cómo interactúan o se acumulan y qué actitudes y acciones pueden ayudarte más a hacerles frente. Ahora que comprendes qué tipos de factores estresantes te afectan, puedes decidir si practicar la aceptación y calmar tu amígdala o utilizar tu corteza prefrontal para facilitar las actitudes y acciones positivas que sean más eficaces para ti. En el resto de este libro, te mostraré una variedad de herramientas para que tu cerebro esté a prueba de estrés.

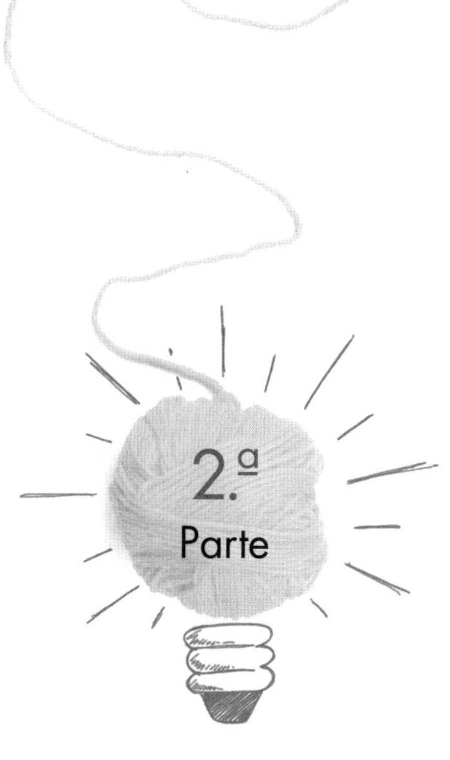

CALMAR TU AMÍGDALA

CAPÍTULO

3

PERMANECER ENRAIZADO EN EL MOMENTO PRESENTE

En los capítulos 1 y 2, has aprendido cómo tu amígdala «secuestra» a tu cerebro lanzándolo a una respuesta automática al estrés, consistente en «luchar, huir o inmovilizarse», que implica pensamientos ansiosos, sustancias químicas del cerebro y hormonas del estrés, así como oleadas de emoción. Para manejar de manera eficaz el estrés, necesitas calmar el miedo y el pánico de tu amígdala. Una actitud y unas habilidades mindfulness constituyen el antídoto ante la posibilidad de ser barrido o quedar inmovilizado por el estrés. Mindfulness es una actitud abierta, compasiva, hacia tu experiencia interna, que crea una saludable distancia entre tú y tus pensamientos y sentimientos estresados, dándote espacio para elegir cómo responder a ellos. Con mindfulness, aprendes cómo sentarte pacíficamente con tus pensamientos y tus sentimientos en el momento presente, creando una calma interior que ayuda a contener el estrés.

Si tuviera que seleccionar solo una herramienta para hacer frente al estrés, elegiría mindfulness. Las intervenciones basadas en su práctica han atraído la atención de terapeutas, educadores, consejeros e incluso líderes políticos y empresariales. Su empleo está apoyado por una creciente literatura neurocientífica que demuestra verdaderos cambios en las neuronas de la amígdala después de la formación en mindfulness. Esta habilidad del cerebro puede tener efectos beneficiosos de gran alcance: mejorar la inmunidad, la salud, la vida y la satisfacción en las relaciones. Mindfulness tiene el potencial de hacer que no solo los individuos, sino también incluso las empresas, las instituciones y las sociedades sean más resistentes al estrés.

En este capítulo, aprenderás algunos datos acerca de mindfulness, su historia en la antigua filosofía budista y su uso actual en Occidente como una práctica cuerpo-mente ampliamente aceptada y eficaz. Aprenderás las cualidades de una actitud *mindful*, 'atenta', y cómo entrenar tu mente para ser más *mindful*, 'consciente', a través de la práctica de la meditación y el cambio de actitud. ¡Sigue leyendo, y aprende por qué «la revolución mindfulness», como la revista *Time* la denominó, es la clave para manejar tu estrés!

LAS RAÍCES DEL MINDFULNESS

Mindfulness es tanto una habilidad como una actitud hacia la vida que se originó hace miles de años como parte de la filosofía budista. Según Buda, el sufrimiento mental (o estrés interno) ocurre porque nos aferramos a las experiencias positivas, queriendo que no se acaben, y nos esforzamos por evitar el dolor, la tristeza y otras experiencias negativas. Este esfuerzo para controlar nuestras experiencias mentales y corporales es un error y está fuera de la realidad de lo que es la vida. Nunca podemos evitar la pérdida y el sufrimiento, ya que son partes naturales de la vida. Nuestras experiencias son siempre cambiantes. Lo vivo se marchita y muere, y es sustituido por lo nuevo. Las fuerzas de la naturaleza están más allá del control humano.

Buda creía que aunque el dolor es inevitable, el sufrimiento no lo es. El sufrimiento resulta de nuestros intentos de aferrarnos al placer y alejar de nosotros el dolor. La enseñanza budista describe el dolor y el estrés mediante la metáfora de ser herido por dos flechas. La primera flecha es el dolor y el estrés, que constituyen una parte inevitable del ser humano. Algunos tipos de factores estresantes, como el envejecimiento, la enfermedad y la muerte, están más allá de nuestro control. La segunda flecha es la que utilizamos para dispararla contra nosotros mismos al reaccionar a la experiencia natural del sufrimiento (o estrés) humano con disgusto y protestando. ¡Es como si nos volviéramos fóbicos a nuestras propias emociones! Cuando empezamos a sentirnos estresados, creamos historias mentales de preocupación y lamento que componen nuestro sufrimiento mental. Quedamos atrapados en creencias negativas acerca de nosotros mismos, lamentos por el pasado o preocupaciones por el futuro, y esto nos saca del momento presente. O intentamos alejar nuestra sensación de estrés mediante la adicción y la evitación. Estas estrategias no hacen más que empeorar la situación. Como dijo una vez uno de mis supervisores más sabios: «¡El encubrimiento es peor que el crimen!».

Buda creía también que si podemos entender la naturaleza del sufrimiento y aprender a aceptar el dolor y la pérdida con compasión (en lugar de huir de ellos), nuestro sufrimiento mental disminuirá. Quizás no podamos liberarnos de la primera flecha del inevitable dolor y de la pena, pero podemos liberarnos de la segunda flecha, la del sufrimiento mental y emocional autoinducido. Mirando nuestras propias experiencias internas con una actitud de curiosidad, sin juzgar y dándoles la bienvenida, podemos aprender a tolerar mejor los estados negativos de la mente (como el hecho de sentirse estresado) y relacionarnos con esas experiencias de un modo más amable, con una mayor aceptación. Otra verdad que Buda comprendió acerca del sufrimiento es que nuestros pensamientos, sentimientos y sensaciones físicas, como todos los demás aspectos de la vida, son pasajeros y se hallan en constante cambio. Cuando miramos de frente y aceptamos las experiencias negativas, pasan por nosotros, en lugar de quedar nosotros atascados en ellas. Para Buda, vivir una vida de paz, autodisciplina, servicio y compasión pondría fin al sufrimiento en un nivel superior.

Jon Kabat-Zinn, profesor emérito de la Facultad de Medicina de la Universidad de Massachussetts, fue el visionario que introdujo por primera vez mindfulness en la medicina occidental. Reformuló los conceptos budistas utilizando terminología científica, añadió algunos ejercicios de meditación y algunos estiramientos de yoga y desarrolló un programa intensivo de entre ocho y diez semanas de reducción del estrés basado en mindfulness, que incluía cuarenta minutos de práctica de la meditación cada día como deberes para casa. Inscribió en el programa a un grupo de pacientes con dolor crónico que no respondían al tratamiento médico estándar. Increíblemente, estos participantes comunicaron que experimentaron menos dolor, un mejor estado de ánimo y una mejor salud mental desde el principio hasta el final del programa (Kabat-Zinn 1982; Kabat-Zinn, Lipworth y Burney 1985), en comparación con un grupo de pacientes que recibieron la atención clínica normal (Kabat-Zinn, Lipworth y Burney 1985). Y así nació la revolución *mindful*.

Actualmente, los procedimientos basados en mindfulness para el dolor, el estrés, la depresión, la ansiedad, el cáncer, la adicción y la enfermedad crónica están aceptados en todo el mundo. Su credibilidad como tratamiento para el estrés y enfermedades relacionadas con él ha aumentado por su fuerte base neurocientífica. Richard Davidson, profesor de Psicología y Psiquiatría en la Universidad de Wisconsin, ha sido fundamental para demostrar cómo funciona el mindfulness en el cerebro y cómo cambia la estructura y el funcionamiento cerebral para facilitar la resiliencia al estrés y mejorar la salud mental. El equipo de investigación del doctor Davidson utilizó tecnología de obtención de imágenes del cerebro para estudiarlo en monjes y meditadores novicios budistas (Davidson *et al.* 2003; Lutz *et al.* 2004). Sus hallazgos sugieren que «prácticas contemplativas» como la meditación y el mindfulness pueden mejorar la compasión, la empatía, la amabilidad y la atención en el cerebro. Estos estudios demuestran de manera convincente la neuroplasticidad –que incluso los cerebros adultos pueden cambiar su estructura y sus senderos neuronales con la práctica repetida de nuevos hábitos–. Practicando mindfulness, puedes aprender a redirigir la reactividad emocional de tu respuesta al estrés hacia estados más calmados, pacíficos y atentos.

MINDFULNESS Y TU AMÍGDALA

Tu sensación de estrés procede de tu amígdala, al ver las experiencias externas o incluso tus propias emociones como amenazas. Esto es un problema, no solo porque es imposible evitar muchas experiencias estresantes, sino también porque es imposible impedir que surjan las emociones relacionadas con el estrés.

La localización de la amígdala –en el medio del cerebro, debajo de la corteza cerebral– indica que recibe información sobre las amenazas y comienza la respuesta al estrés muy rápidamente, a veces incluso antes de que las partes pensantes del cerebro sepan lo que está ocurriendo. En otras palabras, no puedes impedir que tu amígdala intente protegerte comenzando una respuesta al estrés cuando percibe un cambio en las circunstancias que podría conducir a un peligro, una pérdida o un dolor. ¡Y probablemente tú tampoco lo querrías! Sin tu amígdala, podrías ponerte a bailar un vals en pleno tráfico, posar tu mano en una estufa ardiendo o andar con personas indeseables sin darte cuenta del peligro. Pero necesitas manejarla para que no agrave tu estrés o te produzca un sufrimiento innecesario. Utilizando tu corteza prefrontal para calmar tu amígdala cuando se excede en su reacción, puedes evitar la segunda flecha de Buda (el sufrimiento innecesario).

Las habilidades de mindfulness constituyen el antídoto contra la rápida reactividad de la amígdala. Con la práctica, puedes aprender a ralentizar las cosas lo suficiente para que la corteza prefrontal tome las riendas y te conduzca a través de las bravas aguas estresantes. El mindfulness crea también un estado mental de calma y relajación que avisa a tu sistema nervioso parasimpático para que aplaque la fisiología de la respuesta «luchar, huir o inmovilizarse» y recobre el equilibrio. Los estados mentales *mindful* envían señales a tu cuerpo que ralentizan tu respiración y tu frecuencia cardíaca. Le dicen a tu sistema nervioso parasimpático que el peligro ha pasado y puede volver a llevar el cuerpo a su equilibrio. En la sección siguiente, aprenderás más acerca de lo que es mindfulness y cómo puedes practicarlo para calmar tu amígdala.

¿QUÉ ES EL MINDFULNESS?

Piensa en el mindfulness como una actitud hacia la vida y una habilidad de resiliencia cerebral que reduce la reactividad de tu amígdala. Jon Kabat-Zinn lo definió como un modo de prestar una atención deliberada y sin juicio al momento presente (Kabat-Zinn 1994). Cuando aplicas la actitud mindfulness a tu propia experiencia en el momento, sea cual sea esta, abres un espacio para sentarte en paz con tus pensamientos, sentimientos o sensaciones corporales y examinarlos, en lugar de seguir las instrucciones de tu amígdala para salir corriendo, sentirte abrumado o reaccionar impulsivamente. Sustituyes el miedo a tu propia experiencia interna con una actitud de curiosidad, amabilidad y bienvenida, libre de juicios, culpabilidad y aversión. La habilidad de mindfulness te permite permanecer enraizado en el momento presente incluso cuando te enfrentas a factores estresantes difíciles, de modo que parezcan más manejables o menos abrumadores.

Un estado mental *mindful* es un modo deliberado, intencional y focalizado de mirar tu experiencia en el presente. En lugar de experimentar estrés o ansiedad de manera automática, al estar atento miras tus sensaciones de estrés desde el punto de vista privilegiado de un observador. Eres consciente del estrés que atraviesa tu mente y tu cuerpo sin sentirte totalmente fundido con él. Conservas la conciencia de que el estrés es un estado móvil, dinámico, que fluye a través de ti, pero que no es todo lo que tú eres. Tú eres más que todo lo que esté sucediendo en tu mente y tu cuerpo en ese momento. Los instructores de mindfulness a menudo utilizan la metáfora de que tú eres el cielo y tus pensamientos y sentimientos son nubes. Las nubes pasan flotando, pero el cielo está siempre ahí. El cielo proporciona el lienzo en el que las nubes pueden flotar. Así que tú eres el cielo, y tus sensaciones de estrés son las nubes. ¡Puedes quedarte sentado durante la tormenta, hasta que el cielo se aclare!

El ancla más común empleada al enseñar meditación es tu respiración. Cuando te estresas, tu respiración se vuelve más rápida y superficial, a medida que tu sistema nervioso simpático prepara tu cuerpo para luchar o huir. Cuando la situación estresante ha pasado, tu sistema nervioso parasimpático comienza a ralentizar tu respiración y tu frecuencia cardíaca para poner freno a tu respuesta al estrés. Con mindfulness, te centras deliberadamente en tu respiración de una manera que la ralentiza, aunque no sea esta la meta explícita –la meta es simplemente observar tu respiración–. Con la práctica de mindfulness, tu respiración se vuelve más lenta, más rítmica, lo que disminuye tu frecuencia cardíaca. Las partes de tu cerebro responsables de detectar el movimiento y la respiración envían señales a tu amígdala de que la amenaza ha terminado, y todo el sistema comienza a calmarse.

La mejor manera de entender cómo reacciona tu cuerpo al mindfulness es experimentarlo. La práctica siguiente te enseñará a centrarte en tu respiración de una manera atenta. Cuanto más a menudo realices este tipo de prácticas, más rápidamente desarrollarás una actitud de mindfulness (atención plena).

PRÁCTICA: UNA MEDITACIÓN SENCILLA DE CONCIENCIA DE LA RESPIRACIÓN

He aquí las instrucciones para una meditación básica de conciencia de la respiración. Haz esto una o dos veces al día durante dos semanas, y observa qué sucede. No hay una manera correcta o incorrecta de realizar esta práctica. Trata de aceptar tu experiencia individual sea cual sea. ¡El objetivo no es lograr una concentración perfecta en tu respiración, sino más bien aprender cómo funciona tu mente! Es normal que tu mente divague, pero cuando captas que está vagando y la traes de nuevo deliberadamente, estás aprendiendo a controlar mediante la atención plena el foco de tu atención.

1. Elige un lugar cómodo, tranquilo, en el que no te molesten.
2. Siéntate con la columna vertebral recta sobre un cojín en el suelo, o en una silla. Si utilizas una silla, asegúrate de que tus pies están tocando el suelo. Cierra los ojos, o mantén una mirada relajada, no concentrada en nada.
3. Comienza a observar tu respiración. Intenta mantener una actitud abierta y curiosa. Observa adónde va tu respiración cuando entra y cuando sale del cuerpo.
4. No intentes forzar ni cambiar tu respiración de ningún modo. Puede que cambie espontáneamente al observarla.
5. Si tu mente divaga, observa lo que hace, y luego delicadamente céntrate en tu respiración.
6. Sigue prestando atención a tu respiración durante ocho o diez minutos. Al final de la práctica, observa cómo se sienten tu mente y tu cuerpo; a continuación, poco a poco, vuelve a ser consciente de la habitación.

A medida que continúas esta práctica durante dos semanas, observa si tu mente se resiste a la idea del cambio, creando pensamientos que juzgan, como: «No seré capaz de seguir haciéndolo» o «No producirá ningún beneficio». No tienes que etiquetar tus pensamientos con juicios; simplemente obsérvalos. Intenta sustituir tu actitud juzgadora con una actitud de curiosidad y mantén una mente abierta para no limitar prematuramente tu experiencia.

Además de prestar atención de una manera abierta y sin juzgar, hay otras características de un estado mental plenamente atento que crean un poderoso cambio en el funcionamiento del cerebro. En la sección siguiente, las analizaremos en detalle.

CARACTERÍSTICAS DE UN ESTADO MENTAL PLENAMENTE ATENTO

Ser consciente es más que meditar o concentrarse en tu respiración. Más bien, es un estado mental, caracterizado por los siguientes atributos:

El punto de vista del observador

El mindfulness no elimina tus pensamientos y sensaciones de estrés, pero cambia tu relación con ellos. Es como si fueras un observador que puede mirarlos sin ser consumido por ellos ni alejarlos a la fuerza. Por tanto, el mindfulness te da más espacio mental y libertad. No tienes que ser controlado por tu respuesta al estrés; puedes redirigir tu atención, obteniendo así más control sobre tu conducta cuando estés estresado.

Ralentizar las cosas

Cuando tu amígdala percibe algo que la estresa, actúa muy rápidamente «secuestrando» a tu cerebro para una acción de emergencia. Ahora bien, no todo factor estresante constituye una emergencia, y tratar con éxito con la mayoría de los factores estresantes exige pensar soluciones, tolerar la ansiedad y la incertidumbre y adaptarse a las nuevas situaciones. Estas son todas ellas funciones de tu corteza prefrontal, que es más lenta a la hora de recibir y procesar la información que tu amígdala. Por tanto, el primer paso para ser consciente es ralentizar las cosas para poder adoptar una perspectiva más amplia de la situación antes de reaccionar. El mindfulness cambia tu mente del modo «actuar» al modo «observar»; de ese modo, elimina el sentido de urgencia y les da tiempo a tu mente y a tu cuerpo para volver a sincronizarse.

Centrarse en el momento presente

Cuando practicas mindfulness, centras tu atención de manera deliberada y abierta en lo que está ocurriendo en el momento presente, tanto dentro de ti como a tu alrededor. Puedes observar y describir tu experiencia sensorial –lo que ves, oyes, sientes o hueles justo en ese momento–. O puedes centrarte en tu respiración para ver qué ocurre en tu interior y enraizarte. Esta conciencia del presente te ayuda a detener los pensamientos recurrentes sobre el pasado o las preocupaciones sobre el futuro.

Sustituir el miedo por la curiosidad

El mindfulness sustituye el miedo y la reactividad emocional por una curiosidad abierta, espaciosa. ¿Qué es este pensamiento o este sentimiento que está surgiendo? ¿Qué aspecto tiene y cómo se siente? ¿Es algo útil o importante que quiere que le prestes atención o es tan solo un suceso automático que puedes observar y dejar pasar? ¿Cómo cambia y se desarrolla en el tiempo esta emoción o esta experiencia?

Apertura y no juzgar

No juzgar es una parte clave del mindfulness. Cuando tu amígdala dispara tu respuesta al estrés, tú automáticamente empiezas a etiquetar la situación o tu reacción como una amenaza de la que necesitas huir. Esta es la aversión a la que Buda se refería como la segunda flecha. Al observar tu mente juzgadora, puedes evitar automáticamente estos juicios negativos. Puedes volver, de manera deliberada, a la observación de tus pensamientos y sentimientos con una mente abierta. Esto transforma tu experiencia del estrés eliminando el terror y el pánico.

Una actitud de ecuanimidad

Basada en las enseñanzas originales de Buda sobre el no apego al placer ni al dolor, una actitud *mindful* es una actitud de paz, equilibrio y ecuanimidad. Tener ecuanimidad significa dejar de «necesitar» que las cosas sean de una manera determinada. La ecuanimidad evita que se nos clave esa segunda flecha de los deseos compulsivos adictivos o los sentimientos de pánico y desesperación. Todo es transitorio, todo es cambiante, y muchos resultados importantes de la vida están, al menos parcialmente, fuera de nuestro control. Por tanto, necesitamos mantenernos firmes y no desequilibrarnos por el estrés.

«Ser» en lugar de «hacer»

Cuando estás estresado, tu amígdala produce un impulso de actuar para eliminar la amenaza y estar a salvo. Hallar soluciones o aprender nuevas habilidades en una situación estresante exige una actitud dirigida a objetivos. Pero tu mente y tu cuerpo necesitan también períodos de descanso y silencio para que no te agotes por un exceso de «hacer». El mindfulness te enseña cómo «ser» en el momento presente, sin ninguna meta o resultado particular y sin juzgar tu experiencia ni querer liberarte de ella.

En la sección siguiente, aprenderás a centrarte deliberadamente en tu cuerpo o en tu experiencia sensorial con plena apertura y curiosidad.

EL «CÓMO» DEL MINDFULNESS

A veces se necesitan semanas o incluso meses de práctica para entender realmente qué significa estar plenamente atento. A continuación te muestro diferentes modos de practicar mindfulness. Pruébalos todos, o encuentra el que mejor te funcione a ti. La investigación señala que practicar mindfulness durante al menos treinta minutos al día puede realmente reducir la actividad de tu amígdala (Hölzel *et al*. 2011).

Optimiza tu entorno para practicar mindfulness. Quizás quieras crear un «rincón de meditación» con una almohada cómoda y algunos objetos que te agraden para centrarte en ellos. Una vela perfumada, una flor o una piedra lisa pueden servir de ancla para tu atención, como describiré más tarde en este capítulo. Busca un momento cada día para tu práctica de mindfulness, y escríbelo en tu horario. Puedes practicar echado en una cama, sentado con las piernas cruzadas, en una silla o incluso caminando, como verás más adelante. Encuentra la manera que funcione para ti. No tienes por qué practicar siempre durante treinta minutos. Los estudios muestran que entre cinco y veinte minutos de meditación al día durante cinco semanas produce los mismos cambios en el cerebro que períodos más largos (Moyer *et al.* 2011). Yo sugiero comenzar con ocho o diez minutos al día de práctica formal y luego, gradualmente, aumentar la duración de tus meditaciones. Y así comienza tu viaje mindfulness.

PRÁCTICA: MINDFULNESS DE TU RESPIRACIÓN

Esta práctica es la que más frecuentemente utilizo con mis pacientes, porque te permite realmente sentir tu respiración y conectar con ella y también sentirte enraizado y estable en tu cuerpo. Es mi adaptación (con permiso) de una práctica mindfulness utilizada por Daniel Siegel, autor de muchos libros y cursos sobre mindfulness y el cerebro. Esta versión de las instrucciones es para cuando te sientes erguido en el sofá. Siéntete libre para adaptar las palabras si estás echado en el suelo o en la cama.

1. Siéntate cómodamente en el sofá, en una postura erguida, pero relajada. Ahora cierra los ojos o mantén una mirada suave. Deja que tu mente y tu cuerpo empiecen a establecerse en la práctica, observando cómo se siente tu cuerpo.
2. Centra tu atención en tus pies. Observa todas las partes que tocan el suelo. Percibe los dedos; siente allí donde se unen con tu pie, la parte media de tus pies, tu tobillo, tu talón, la parte superior de tu pie, el interior y el exterior.
3. Deja que tus pies se hundan en el suelo, percibiendo el sostén de la tierra y sintiendo cómo te enraízas.
4. Comienza a percibir todas las partes de tu cuerpo que tocan el sofá: la parte posterior de tus muslos, tu trasero, quizás tu espalda, tus brazos

y tus manos. Deja que tus manos y tus pies se hundan en el sostén del sofá y del suelo. Percibe cómo se siente tu cuerpo al estar sentado, sostenido por el sofá y el suelo.

5. Comienza a percibir tu respiración. Simplemente haz tranquilamente unas cuantas respiraciones, observando adónde va tu respiración al inspirar y al espirar. Observa la pausa entre tu inspiración y tu espiración. Si tu mente divaga –como probablemente hará, pues eso es lo que la mente hace– simplemente observa adónde va, durante un instante, y luego, suavemente, amablemente, dirige tu atención de nuevo a la respiración. Sigue haciendo esto al mismo tiempo que empiezas a percibir tu respiración en la nariz, el pecho y el vientre.
6. Lentamente, lleva la atención a tu respiración cuando entra por tus fosas nasales. Nota si es ligera o pesada, lenta o rápida, si el aire es caliente o frío. ¿Qué sensaciones tienes? Observa dónde el aire toca tus orificios nasales al inspirar y al espirar. Sigue observando tu respiración en las fosas nasales durante unos minutos.
7. Comienza a percibir tu respiración en el pecho. Nota cómo tu pecho se mueve arriba y abajo como una ola, subiendo cuando inspiras y bajando cuando espiras. Simplemente percibe tu pecho al expandirse y contraerse con la respiración. Observa el oleaje rítmico en él al inspirar y al espirar. Sigue observando tu pecho durante unos minutos.

8. Dirige tu atención hacia abajo, hacia tu vientre. Puedes colocar la mano sobre él para ayudar a conectar con la zona que hay justo debajo de tu ombligo. Esta zona es el núcleo y el centro de tu cuerpo. Observa cómo tu vientre se infla al inspirar y cómo se desinfla al espirar. No hace falta forzar ni cambiar tu respiración de ningún modo. Y si tu mente divaga, llévala de nuevo a tu vientre con amabilidad y suavidad. Cuando notes tu respiración en el vientre, observa si esta cambia o sigue igual. Observa el ritmo de tu respiración en tu vientre.
9. Al notar la respiración en tu vientre, empieza a expandir tu atención hacia fuera, hacia todo tu cuerpo. Comienza a observar todo tu cuerpo respirando como una sola unidad, inspirando y espirando con un ritmo lento, constante. Percibe las olas de la respiración al entrar y salir de tu cuerpo, llenando tu nariz, tu garganta, tu pecho, tu caja torácica, tu vientre y todo tu cuerpo con un aire fresco, purificador. Observa cómo tu respiración viaja por tu cuerpo y comprueba si parece abrir algún espacio en la zona que toca. Simplemente percibe el ritmo de todo tu cuerpo respirando como una unidad: primero la inspiración, luego la pausa entre las respiraciones y finalmente la espiración. Inspirando y espirando.
10. Lentamente, comienza a llevar tu atención de nuevo al sofá, a tus manos y tus pies. Ve abriendo los ojos y empieza a percibir la habitación a

tu alrededor. Tómate tu tiempo, y observa cómo se siente tu cuerpo ahora. ¿Hay alguna diferencia respecto a cuando empezaste la práctica?

Cuando mis pacientes realizan esta práctica, muchos hablan de una profunda sensación de paz, bienestar y calma. Sentirse estresado puede crear tensión, opresión y constricción en tu cuerpo, especialmente en tu pecho y tu vientre. Esta práctica puede ayudar a abrir un espacio en esas zonas. Una concentración atenta crea distancia respecto a las sensaciones del estrés y genera paz y bienestar.

Tu respiración es una poderosa ancla para tu atención, pero no es el único modo de practicar mindfulness. También puedes utilizar tus sentidos para crear una conciencia del momento presente y paz interior, como verás en la práctica siguiente.

Mindfulness de los sentidos

Cuando tu amígdala hace sonar la alarma, pierdes contacto con el momento presente a medida que tu respuesta ante una emergencia empieza a hacer efecto. Puedes sentirte impulsado a «hacer algo» con los factores estresantes o salir corriendo, huyendo de los sentimientos abrumadores. Centrando la atención deliberadamente en tus sentidos pasas de una actitud de «hacer», «conseguir» o «evitar» a otra de «percibir y describir» lo que te rodea. Esto te ayuda a sentirte más presente y conectado. Conectamos con el mundo exterior a través de nuestros sentidos. Cuando prestamos plena atención a lo que nos rodea, tomamos conciencia de que somos parte de un mundo más amplio de objetos vivientes y objetos inanimados. Conectar con tus sentidos puede ser también una forma de lo que el psicólogo Rick Hanson (2009) llama absorber lo bueno, o dirigir deliberadamente tu cerebro a centrarse en algo relajante o agradable de modo que te ayude a calmar tu respuesta al estrés.

Caminar por la naturaleza es un modo fantástico de practicar mindfulness de los sentidos. Estar cerca del mundo natural posee una influencia calmante sobre tu mente y tu cuerpo. Cuando te resulte imposible, también puedes practicarlo, adaptando la práctica a tu situación. Puedes sentarte en tu terraza o en tu jardín, o incluso mirar por la ventana, o puedes mirar cuadros o fotografías de paisajes naturales.

Fascinantes nuevas investigaciones muestran que caminar por espacios verdes o mirar escenas de la naturaleza puede aumentar la resiliencia al estrés de tu mente y tu cuerpo. Un estudio llevado a cabo con estudiantes universitarios (Bratman *et al.* 2015) mostró que caminar por los parques del campus reducía la ansiedad y la preocupación más que andar por una calle ajetreada y aportaba también más beneficios cognitivos. En otro estudio (Van den Berg *et al.* 2015), se mostró a los estudiantes dos tipos de cuadros: o paisajes de la naturaleza, con árboles y senderos vacíos, o escenas urbanas, con coches y gente. A continuación se los sometió a una estresante prueba matemática. Aquellos a quienes se les habían mostrado imágenes de árboles evidenciaron una recuperación cardiovascular más rápida (por ejemplo, su frecuencia cardíaca volvía a la normalidad más rápidamente tras terminar la prueba) que quienes habían visto escenas urbanas. Mediciones del tono del nervio vago revelaron que su sistema nervioso parasimpático era más capaz de frenar su respuesta de «luchar o huir».

PRÁCTICA: MINDFULNESS DE LOS SENTIDOS EN LA NATURALEZA

Mientras caminas o te sientas en la naturaleza, comienza a percibir tu entorno en conjunto, prestando atención también a cómo te sientes en este entorno. Nota que no estás solo; formas parte del ritmo de la naturaleza.

1. Lleva tu atención lentamente a lo que ves. Observa los colores: los ricos marrones de la tierra, los verdes de los árboles o los azules del cielo o del agua. ¿Son colores brillantes o apagados? Date cuenta de cuáles te llaman la atención. Observa las luces y las sombras, las formas y las texturas. ¿Qué superficies son suaves y cuáles rugosas? ¿Cuáles son relucientes y cuáles

mates? ¿Cuáles tienen ángulos agudos y cuáles son redondeadas? Simplemente date cuenta de todo lo que ves. Ahora presta atención a un objeto –quizás un árbol o una flor– y observa su color, forma y textura.

2. Concéntrate en lo que oyes. Quizás se trata del trino de los pájaros, el sonido del viento o el murmullo de un riachuelo. Date cuenta de los sonidos que hacen tus pies al crujir la gravilla o hundirse en la tierra. ¿Oyes las voces de la gente? ¿Oyes ladrar a un perro? Percibe el timbre y el ritmo de los sonidos. ¿Cuál te atrae más? Observa cómo los sonidos emergen y luego desaparecen –intenta ser consciente del silencio que hay entre ellos–. Ahora elige uno de esos sonidos para concentrarte en él. Observa su tono, su timbre y su ritmo. Date cuenta de si permanece igual o cambia.
3. Sé consciente de lo que hueles. Los olores a tu alrededor pueden ser dulces o picantes, densos o frescos, débiles o intensos. Ahora elige solo un olor para concentrarte en él –quizás la brisa, la tierra o las flores– y percibe todo lo que puedas de él.
4. Date cuenta de lo que sientes. Percibe la temperatura del aire, la sensación del sol o la brisa fresca en tu piel. Nota si el aire se mueve rápida o lentamente. Percibe la sensación del suelo bajo tus pies.
5. Sé consciente de cómo te sientes en tu cuerpo. ¿Cómo sientes el interior de tu pecho, tu

espalda y tu vientre? ¿Te sientes más espacioso y en calma que cuando comenzaste la práctica? ¿Percibes alguna parte de ti que suelte la tensión?

6. Date cuenta de cómo se sienten tus pies cuando caminas. Intenta aminorar el ritmo de tu caminar para percibir cada paso: levantas el pie derecho, lo adelantas y luego lo bajas. Levantas el pie izquierdo, lo adelantas y luego lo bajas.

Para una versión breve de esta práctica, presta atención tan solo a un sentido. Por ejemplo, concéntrate únicamente en lo que ves, oyes, hueles o sientes. O bien percibe solo cada paso que das al caminar, sin concentrarte en tu entorno. También puedes hacer la práctica en cualquier lugar, en cualquier momento, no solo en la naturaleza.

Mindfulness de objetos

Otro modo de calmar tu mente estresada es focalizar tu atención en lo que te rodea. Si te sientes estresado al presentar una ponencia, ser entrevistado para un trabajo, hacer un examen o prepararte para una importante cena formal, intenta nombrar en silencio tres objetos de la habitación y describir su color, forma y textura como un modo rápido y fácil de que tu mente pase del modo «luchar, huir o inmovilizarse» al modo «observar y describir».

En casa, crea un «rincón mindfulness» donde tengas objetos con colores, texturas, olores o sonidos interesantes. Utilízalo como un santuario cuando te sientas estresado o simplemente practica mindfulness allí diariamente. Cada vez que visites tu «rincón mindfulness», emplea unos cuantos minutos para examinar las cualidades sensoriales de cada objeto. Míralo, tócalo, huélelo y saboréalo si es adecuado hacerlo. Objetos que pueden funcionar bien en este sentido incluyen caracolas, piedras pulidas, velas perfumadas, plantas aromáticas frescas o secas, flores, hojas, limones, botellitas de cristal, abalorios de madera, tejidos suaves y crema de manos. También puedes comprar objetos tradicionales de meditación, como una campanilla mindfulness, un cuenco tibetano, una estatuilla de Buda o una lámpara de sal del Himalaya. ¡Las opciones no están limitadas más que por tu presupuesto!

Los ejercicios de este capítulo son extraordinarios modos de aprender y practicar mindfulness. Ahora bien, como he comentado anteriormente, mindfulness es también un estado mental y un modo de vivir que es más amplio que cualquier práctica particular. Practicar mindfulness te enseña una actitud a prueba de estrés que puedes integrar en todos los aspectos de tu vida diaria. Y cuanto más integres mindfulness en tu vida, más oportunidades tendrás de calmar tu amígdala cuando empiece a intentar «secuestrar» a tu cerebro. En la sección siguiente, aprenderás algunos modos de hacer que mindfulness forme parte de tu rutina diaria.

INTEGRAR MINDFULNESS EN TU VIDA DIARIA

Cuando te sientes estresado, a menudo es porque tienes demasiadas cosas que hacer y muy poco tiempo o porque estás envuelto en una situación emocionalmente difícil. El estrés aparta tu mente del momento presente cuando tu amígdala centra tu atención en lo que sucederá si no resuelves los problemas o no terminas tus tareas. Puede que tu mente se canse; en ese caso, lo normal es que te distraigas y la dejes vagar en lugar de centrarte en lo que es más importante. Puedes ponerte a dar vueltas con el piloto automático mientras tu corazón se acelera y tu respiración se acorta en modo «luchar, huir o inmovilizarse».

La práctica siguiente está adaptada de una práctica utilizada por la doctora Elisha Goldstein (Goldstein 2010). Úsala para ser más consciente desde que te levantas hasta que te acuestas, redirigiendo constantemente tu cerebro hacia el presente y debilitando el poder que tiene tu amígdala para quitarte la paz y la conexión con el mundo.

PRÁCTICA: INTEGRAR MINDFULNESS EN LA RUTINA DIARIA

Nada más despertarte, en lugar de saltar de la cama, busca un momento para la práctica del STOP descrita aquí. Te ayudará a comenzar el día con una nota de atención plena. Sigue utilizando esta práctica durante el día siempre que empieces a sentirte estresado, como una manera de enraizarte cuando el estrés comienza a presentarse.

1. **Stop.** Deja de hacer cualquier cosa que estés haciendo y lleva tu mente al momento actual.
2. **Respira.** Haz unas cuantas respiraciones profundas para ralentizar tu respuesta de «luchar, huir o inmovilizarse».
3. **Observa.** Comienza a percibir lo que sientes, piensas y haces. ¿Qué sucede en tu cuerpo? Describe cualquier sensación corporal (como tensión en la garganta o en los hombros) de la que seas consciente. ¿Hay una palabra referente a las emociones que puedas utilizar para describir estas sensaciones (como «enfadado» o «con miedo»)? Intenta permanecer en el momento con estas sensaciones y «mándales tu respiración»: imagina que envías tu respiración a las zonas que están tensas, constreñidas o activadas por estas emociones.
4. **Sigue adelante.** Cuando te sientas lo suficientemente presente y consciente, sigue con tus

asuntos de manera deliberada. Quizás quieras simplemente seguir lo que estés haciendo, pero con una actitud más consciente.

He aquí algunos otros modos de integrar mindfulness en tu vida mientras te preparas para el resto del día:

- Cuando realices tu rutina matinal, observa si tu mente está ya en el trabajo o en clase, preocupada o planeando cómo gestionar tus tareas y retos diarios. Cuando te des cuenta de que tu amígdala está «secuestrando» tus pensamientos, vuelve a llevar la atención al momento presente. Si estás en la ducha, observa el fluir, la temperatura y el sonido del agua, las burbujas y el olor del jabón. Cuando bebas tu café de la mañana, percibe el olor de los granos de café, el calor de la taza y el sabor del primer sorbo. A la hora de comer, presta atención al aspecto, el olor y el sabor de la comida y al proceso de masticar y tragar.
- Saluda con plena conciencia a los que conviven contigo o a tus mascotas. No tengas prisa y concéntrate en lo que dicen y en sus expresiones no verbales. Céntrate en tus sentimientos de amor hacia ellos. Emplea el tiempo que necesites para decirles adiós cuando te vayas de casa.

- De camino a tu destino, observa lo que hace tu mente. Intenta salir de casa un poco antes para poder caminar o conducir más lentamente. Deja que aquello que normalmente ves como interrupciones u obstáculos (como semáforos en rojo o retrasos) te sirvan de recordatorios para practicar mindfulness. Si sientes que te estás poniendo nervioso o impaciente con el tráfico o largos semáforos en rojo, dirige tu atención a tu respiración o céntrate en lo que ves alrededor de ti (los coches, la gente que va andando, los árboles, el cielo, etcétera).

Cuando vas hacia el trabajo o hacia la universidad, a dejar a tus hijos o a hacer recados, comprueba tu cuerpo para ver si hay alguna tensión. Vuelve al momento presente ralentizando tu ritmo y centrándote en la respiración, en lo que ves a tu alrededor o en las sensaciones de tus pies al andar. Haz la práctica del STOP si empiezas a darte cuenta de que hay tensión corporal o emociones negativas que surgen.

- Practica el STOP antes de tomar tu móvil, mirar tu correo electrónico o conectarte a las redes sociales. Establece límites de tiempo para estas tareas y no permitas que te lleven hacia una reactividad desmesurada que te distraiga de lo que es más importante.

- Utiliza el STOP o las prácticas de conciencia de la respiración durante todo el día. Observa si tus músculos están tensos, si tu respiración es superficial o si tu mente está divagando. Date cuenta de si te sientes reactivo, abierto a un espacio amplio o centrado y alerta. Cambia tu foco de atención moviéndote o haciendo algunos estiramientos durante unos minutos, practicando la respiración consciente o tomando un poco el aire fresco.

El mindfulness es una habilidad que se aprende mediante la práctica repetida. Supone un cambio de perspectiva lejos del constante estar centrado en los factores estresantes y la reactividad producida por la amígdala. Permite que tu mente y tu cuerpo descansen pacíficamente y disfruten del momento, a pesar del estrés. El estrés puede estar ahí, pero no tiene que consumirte y alejarte de la gente que amas ni impedir que realices tu trabajo, cuides de tu salud y estés presente en la vida. Pero mindfulness es más que un cambio de actitud. Con la práctica regular y adoptando una actitud *mindful* hacia la vida, puedes realmente cambiar la estructura de tu cerebro, como verás en las sección siguiente.

CÓMO MINDFULNESS CALMA TU AMÍGDALA

Los investigadores han estado estudiando los efectos de mindfulness sobre el cerebro y el resto del cuerpo durante más de veinticinco años, utilizando tecnologías sofisticadas como la imagen por resonancia magnética funcional para escanear el cerebro en tiempo real. Han medido sus efectos sobre la depresión, la ansiedad, las respuestas fisiológicas, la presión sanguínea y la resistencia a la enfermedad. Hay ya un amplio cuerpo de evidencia que demuestra que mindfulness funciona a la hora de reducir la respuesta del cuerpo, y particularmente del cerebro, al estrés, eliminando parte del poder que tiene la amígdala para impedir el progreso.

Las intervenciones basadas en mindfulness están asociadas con una mejora del estado de ánimo, una reducción de la ansiedad, un manejo del estrés más óptimo, una mejor regulación de las emociones y una menor reactividad fisiológica (como la sudoración y el latido cardíaco acelerado) en respuesta a los factores estresantes. Un metaanálisis que reunía los resultados de veinte estudios sobre mindfulness concluía que «el nivel consistente y relativamente fuerte de los efectos colaterales en tipos muy distintos de muestras indica que la formación en mindfulness puede mejorar los rasgos generales de gestión de la angustia y la minusvalía en la vida cotidiana, así como bajo condiciones más extraordinarias de trastorno o estrés graves» (Grossman *et al.* 2003, 39). Este metaanálisis mostró que la formación en mindfulness reducía la incapacidad y mejoraba el estado de ánimo y la calidad de vida en personas con una variedad de padecimientos físicos (como cáncer, dolor crónico y enfermedades del corazón) y de trastornos de salud mental. También se ha demostrado que las intervenciones de mindfulness pueden reducir de manera fiable la ansiedad, la depresión y el estrés en las personas sanas (Chiesa y Serretti 2009; Khoury *et al.* 2013).

Los estudios muestran que la formación en mindfulness puede hacer que la amígdala sea menos reactiva a los factores estresantes. Un estudio realizado por investigadores del Hospital Universitario de Zurich (Lutz *et al.* 2014) se centró en si la formación en mindfulness podía afectar al cerebro cuando los sujetos veían fotografías pensadas para desencadenar emociones. A un grupo se le entrenó en mindfulness y al otro (el grupo de control) no. Luego, a ambos grupos se les mostraron fotografías mientras se escaneaban sus cerebros. Se les dieron claves que indicaban si la siguiente fotografía sería positiva, negativa, neutral o desconocida (esto quería decir que había un 50 % de posibilidades de que fuera positiva y un 50 % de que fuera negativa). Los sujetos del grupo de mindfulness fueron instruidos para utilizar las habilidades mindfulness (por ejemplo, observar sus reacciones sin juzgar) cuando la clave indicaba que iba a llegar una foto desagradable o desconocida. Los escáneres cerebrales mostraron que, comparados con el grupo de control, los sujetos del grupo de mindfulness tenían menos actividad en la amígdala y en las áreas cerebrales implicadas en las emociones negativas cuando anticipaban la visión de fotos negativas o desconocidas.

La práctica repetida de mindfulness durante semanas o meses puede incluso cambiar la estructura de la amígdala. En un estudio llevado a cabo por investigadores de la Facultad de Medicina de la Universidad de Harvard (Hölzel *et al.* 2011), un curso de mindfulness de ocho semanas llevó no solo a reducir el estrés y la ansiedad, sino también a cambios en el cerebro: la cantidad de células nerviosas y conexiones neuronales se redujo en la amígdala, pero aumentó en el hipocampo. Ninguno de estos cambios cerebrales se halló en el grupo de control.

Los científicos han contrastado datos de más de veinte estudios (Fox *et al.* 2014) para mostrar que el mindfulness afecta al menos a ocho áreas cerebrales diferentes, asociadas con la autorregulación, la memoria, la concentración, la motivación, la compasión y la resiliencia. En particular, puede fortalecer el hipocampo, un área que tiene muchos receptores de cortisol y puede resultar dañada por el estrés crónico. Tu hipocampo puede ayudarte a procesar mentalmente y archivar memorias estresantes para que sea menos probable que se activen posteriormente. Esto sugiere que el mindfulness puede hacer que tu cerebro sea más resistente al estrés.

Los resultados de estas investigaciones son emocionantes, porque prueban que no hay que vivir en un monasterio o en lo alto de una montaña para calmar la amígdala y fortalecer el hipocampo con mindfulness.

Practicar mindfulness a lo largo del tiempo hace que la amígdala sea menos reactiva a los sucesos negativos o a la incertidumbre del entorno y ayuda a que el hipocampo procese los sucesos estresantes de manera más efectiva.

PENSAMIENTOS FINALES

En este capítulo, has aprendido algunos datos sobre mindfulness como práctica y como enfoque de la vida que puede ayudarte a gestionar mejor el estrés. Mindfulness hunde sus raíces en la antigua filosofía budista, pero ha sido adaptado para uso occidental. Ser *mindful* significa tener una actitud abierta, compasiva y afable hacia tu propia experiencia en el momento presente, sea cual sea. Significa permitir, más que querer apartar, tu experiencia interna; estar en el instante presente, más que constantemente preocupado o ajetreado. Las intervenciones basadas en mindfulness han ayudado a reducir los sentimientos de estrés de la gente, disminuir su presión sanguínea y mejorar su resistencia a la enfermedad. Los profesionales de la salud mental utilizan tales procedimientos para tratar la depresión, la ansiedad y la drogadicción. Se ha demostrado también que el mindfulness reduce el tamaño de la amígdala (el centro de alarma del cerebro) y protege el hipocampo, evitando que sea dañado por el estrés. Las prácticas de mindfulness de este capítulo pueden ayudarte a reducir tu reactividad al estrés. ¡Realízalas tan a menudo como puedas!

CAPÍTULO

4

HACER FRENTE A TUS EMOCIONES Y ACEPTARLAS

Cuando te estresas y tu amígdala te lanza al modo «luchar, huir o inmovilizarse», puedes sentir miedo, pánico o rabia. Estas emociones pueden ser desagradables y difíciles de tratar. Tal vez hagan que te sientas alterado y desarraigado. O inmovilizado e incapaz de concentrarte y tomar decisiones. O quizás te aceleres dando vueltas y más vueltas sin hacer verdaderos progresos. Puedes dirigir mal tus emociones enfadándote con tu pareja, tus hijos o tus mascotas. O sentirte enfadado y criticarte a ti mismo por no tener la situación controlada. Aunque las emociones relacionadas con el estrés pueden ser incómodas, contienen información valiosa sobre tus objetivos y las cosas importantes a las que necesitas prestar atención. En este capítulo, aprenderás a calmar tu amígdala aceptando y suavizando las emociones relacionadas con el estrés, para que seas capaz de manejar aquello que te estresa, en lugar de frustrarte.

CÓMO LAS CONCEPCIONES CULTURALES DE LAS EMOCIONES PUEDEN INTERPONERSE EN TU CAMINO

No hay ninguna asignatura en la escuela sobre la gestión de las emociones (¡aunque debería haberla!). La mayoría de nosotros hacemos lo que podemos, imitando lo que aprendimos de nuestros padres, hermanos o colegas. Probablemente has sido educado para «mantenerte fuerte» y no mostrar, expresar o ni siquiera experimentar ninguna emoción negativa (quizás excepto la rabia). De modo que cuando las emociones brotan, impides que entren en tu conciencia, sin reconocerlas ni darte cuenta de cómo afectan a tu conducta. Puede que trates inmediatamente de fijar las cosas, aunque falte una parte de la información clave acerca de la situación. Si no consideras cómo te sientes, puede que simplemente aceptes el estrés en lugar de gestionarlo o que tomes decisiones que luego lamentes.

Empujar tus emociones hacia tu subconsciente no hace que se vayan. En algún momento acaban apareciendo, a menudo con mayor intensidad, haciendo que sea más difícil manejarlas de lo que lo eran en un primer momento. Tu amígdala fue diseñada para hacer sonar las alarmas y recordarte las situaciones que podrían tener un resultado negativo o al menos emocionalmente significativo. ¡Y seguirá haciéndolo hasta conseguir que escuches!

He oído decir a muchos pacientes que temen permitirse sentir sus emociones por si estas «no se detienen» o los llevan a perder el control. Generalmente estos miedos son infundados. Las emociones son sucesos mentales y corporales pasajeros, y si puedes reconocerlas sin rechazarlas ni dejar que te arrastren, comenzarán a alejarse.

Pero ¿cómo *sentir* tus emociones sin *identificarte* con ellas? Las prácticas de mindfulness pueden ayudarte a aprender a dirigir tu atención hacia tus emociones o fuera de ellas, de manera flexible. Imaginarte mentalmente en un estado de enfoque o anclado también puede ayudarte a tolerar emociones negativas fuertes o a salir de un estado de pánico. Llevar un diario de tus experiencias de estrés puede dar voz a las emociones que sientes, al mismo tiempo que crea cierta estructura y contención. Las estrategias que analizaremos a continuación se basan en estos principios.

ESTRATEGIAS DE ENRAIZAMIENTO

Las estrategias de enraizamiento son técnicas que puedes utilizar para sentirte sólido, tranquilo y conectado con tu entorno. Implican dirigir tu atención a algún aspecto de tu experiencia que no sea amenazador.

Puedes mover deliberadamente tu cuerpo o centrarte en su posición en el espacio; centra tu atención en tu sentido del tacto, del gusto, del olfato o del sonido o realiza alguna actividad que implique a tu mente lógica o te ayude a expresarte. Otras estrategias tienen que ver con imaginarte en un estado enraizado, conectado con la tierra. El enraizamiento te saca del modo «luchar, huir o inmovilizarse» y le da tiempo a tu amígdala para que se calme. Estas estrategias son muy útiles para la gente que tiene dificultad en permanecer atenta.

Hay otro beneficio en algunas de las estrategias de enraizamiento. Las emociones negativas implican principalmente al hemisferio derecho de tu cerebro. Mover tu cuerpo o realizar una tarea verbal, lógica u organizativa implica deliberadamente al hemisferio izquierdo de tu cerebro. Pensamos mejor cuando utilizamos todo nuestro cerebro. Si empleamos solo una parte, podemos perder alguna información clave acerca de la situación o del modo como nos sentimos.

PRÁCTICAS: ENRAIZARTE CUANDO TE SIENTES ESTRESADO

Las siguientes estrategias de enraizamiento pueden ayudarte a sentirte calmado cuando el estrés te abruma y a romper los efectos de «luchar, huir o inmovilizarse» en tu mente y tu cuerpo. Experimenta y luego elige las estrategias que mejor funcionen para ti. Con la práctica, estas estrategias se harán cada vez más eficaces y fáciles de llevar a cabo. Utiliza tus sensaciones de estrés y de estar abrumado como claves para recordarte que te enraíces. Pronto te sentirás más calmado y más presente, capaz de contener las emociones difíciles.

- Imagina una cuerda dorada (o un chorro de luz) que desciende desde la base de tu columna a través del suelo, a través de la tierra que hay bajo el suelo, hasta el centro fundido de la Tierra. Imagina que tu cuerda se ata al centro de la Tierra con una gran ancla. Siente la conexión entre tu cuerpo y la Tierra. Al inspirar y espirar, imagina que tu aliento viaja por la cuerda, de arriba abajo y de abajo arriba, conectándote a la Tierra.
- Descálzate y camina lentamente por la habitación, sintiendo la conexión entre tus pies y el suelo en cada paso. Siente los dedos de tus pies, la planta y tu talón conectando con el suelo o la moqueta.
- Imagínate como un gran árbol. Estira tus brazos hacia el cielo e imagina las ramas y las hojas. Clava tus pies en el suelo e imagina que les crecen raíces.
- Balancéate hacia un pie y hacia el otro. Al balancearte, percibe los dedos de tus pies, la planta, la zona media, los laterales, la parte alta, tu talón, tu tobillo, tu pantorrilla, la parte inferior de tu pierna y la parte superior.

- Describe tres objetos de la habitación según sus cualidades sensoriales (color, forma, textura, tamaño, olor, etcétera).
- Sacude tu cuerpo. Empieza moviendo los dedos de los pies, luego los tobillos, la parte inferior de las piernas y la parte superior de las piernas. Luego haz lo mismo con tus brazos, tus manos y tus dedos.
- Inspira contando hasta cuatro, contén la respiración hasta cuatro, espira contando hasta cuatro y luego haz una pausa, también hasta cuatro. Intenta ralentizar tu respiración cada vez, expandiendo tu vientre con cada inspiración y vaciándolo con cada espiración.
- Imagina que estás en un lugar lleno de paz, cerca de la naturaleza. Visualízate en la playa, mirando la bahía, en el bosque, haciendo senderismo o en un parque o un jardín.
- Bebe una taza de té lentamente. Primero siente el calor de la taza. Luego huele el aroma. Percibe el color y la textura del té. Da un sorbito y paséalo por tu boca. Ahora trágalo. Percibe el sabor y la sensación del té al bajar por tu garganta.
- Huele un poco de lavanda o chupa un caramelo de menta.
- Dibuja o colorea un patrón (mandala, flores, arte abstracto, etcétera). Puedes comprar libros para colorear para adultos* en muchas librerías y también vía *online*).

* Editorial Sirio ha publicado varios: *Relájate coloreando*, *Disfruta coloreando*, *Mandalas para colorear* (1 y 2) y *El poder del mandala*.

- Dale una palmadita o abraza a un animal, o acoge a tu perro o tu gato en tu regazo. Mira la cara del animal, observa su respiración y siente su calor.
- Haz una pequeña tarea organizativa.
- Date un baño o ducha caliente o acurrúcate en una manta con calcetines que mantengan tus pies calientes.
- Escucha música suave o lee poesía.
- Pon una bolsa de hielo debajo de tu cuello o un paño frío en tu frente.
- Haz un rompecabezas.
- Sal a dar un paseo por tu barrio o por algún lugar en el que puedas estar cerca de la naturaleza.
- Anda descalzo en la playa o en el césped.

Una vez te sientas enraizado y sólido, puedes mirar la situación estresante y tus emociones acerca de ella sin sentirte tan abrumado y caótico. Te darás cuenta de que hay cosas neutras o agradables en el mundo en las que puedes centrarte para tratar con las emociones relacionadas con el estrés. Utilizar imágenes mentales o los sentidos para calmarte puede crear un sentimiento de solidez y relajación en tu mente y tu cuerpo. Los ejercicios de enraizamiento le indican a tu amígdala que en el momento presente estás seguro; esto le permite frenar su respuesta «luchar, huir o inmovilizarse». Tu sistema nervioso simpático empieza a desactivarse o el hielo de tu inmovilidad comienza a fundirse. Tu respiración se hace más larga y tu frecuencia cardíaca se reduce a medida que tu sistema nervioso parasimpático vuelve a llevarte a un estado relajado.

PERMITIR Y ACEPTAR LAS EMOCIONES ESTRESANTES

Las estrategias de enraizamiento te ayudan a retomar una sensación de seguridad y normalidad cuando te sientes abrumado por el estrés. No están centradas en la emoción misma, sino en tus sentidos, tu imaginación o tu mente lógica. Tanto el enraizamiento como mindfulness son lo que el investigador James Gross llama «estrategias de dirección de la atención» (Gross y Thompson 2007). Cuando sientes una emoción fuerte, estas estrategias pueden evitar que quedes atrapado en ella cambiando deliberadamente el foco de tu atención.

Las técnicas que analizaremos a continuación adoptan un enfoque ligeramente diferente hacia la emoción. Ayudan a permitir que la emoción se desarrolle, suavizándola y ralentizándola para que el resto de tu cerebro –especialmente tu corteza prefrontal– tenga tiempo de tomar el mando. Recuerda que la situación de la amígdala en medio del cerebro significa que percibe los factores estresantes y lanza tu cuerpo al modo «luchar, huir o inmovilizarse» antes de que tu corteza prefrontal tenga la oportunidad de procesar la información. Cuando lentificas las cosas, haces que sea menos probable que el miedo o la rabia relacionados con el estrés te hagan caer en un torbellino de acción impulsiva o inunden tu mente y tu cuerpo de pánico.

Permitir y aceptar las emociones estresantes combina la conciencia atenta con un sentido de exploración, curiosidad y compasión hacia uno mismo. Permitir que las emociones entren en ti implica hacerte consciente de cualquier resistencia que tengas ante esas emociones y dejar que pasen poco a poco. Aceptar las emociones quiere decir no intentar alejarlas a la fuerza o cambiarlas. Significa dejarlas estar ahí mientras te centras en percibirlas y describirlas, más que en reaccionar automáticamente. Otra palabra para aceptación es *disposición*. Aceptar las emociones significa estar dispuesto a experimentarlas, aunque sean desagradables o indeseadas. ¿Estás dispuesto a aceptar el momento presente y todo lo que viene con él? Como decía Eckhart Tolle el mundialmente célebre maestro espiritual: «Acepta... y luego actúa. Contenga lo que contenga el momento presente, acéptalo como si lo hubieras elegido. Trabaja siempre con ello, no contra ello. Hazlo tu amigo y aliado, no tu enemigo. Esto transformará milagrosamente toda tu vida» (Tolle 2004, 28).

«Pero ¿por qué aceptar las emociones negativas como el miedo o la rabia?», puede que preguntes. ¿Por qué estar incómodo? ¿Por qué ibas a querer dejar entrar emociones que te llevan a actuar de manera impulsiva y tener que hacer frente a las consecuencias? Cuando te estresas, tu amígdala hace que surjan emociones negativas que pueden impulsarte a hacer cosas que después lamentarás, como gritarle a tu jefe o pulsar la tecla «enviar» en un correo electrónico o un mensaje de texto escrito en un ataque de ira. ¿Qué ocurre si no puedes detener la emoción una vez la dejas entrar y terminas desmoronándote, lleno de pánico y angustia?

La respuesta a estas preguntas es sencilla: en primer lugar, las emociones, de todos modos, están ahí. Las circunstancias estresantes hacen que tu amígdala inicie una cascada química incluso antes de que el resto de tu cerebro sepa lo que está sucediendo. Los investigadores del cerebro han hallado que hay más conexiones neuronales que llevan desde las áreas emocionales a las áreas del pensamiento que al contrario. Las emociones son primarias y los pensamientos secundarios. Las emociones están programadas en el cerebro por la evolución, y estos procesos programados no pueden cambiar fácilmente.

En segundo lugar, permitir el acceso a las emociones te ayuda a aprender que son aspectos cambiantes de la experiencia más que entidades fijas. En lugar de durar para siempre, las emociones crecen, alcanzan la cima y luego, poco a poco, disminuyen. Estar dispuesto a experimentar emociones estresantes te ayuda a acostumbrarte a ellas, conocer el curso que siguen y familiarizarte con ellas. Esto permite que tu cerebro las vea como menos peligrosas o temibles y más manejables y pasajeras. Comienzas a soltar tu aversión hacia ellas, y esto hace menos probable que puedan arrastrarte a una espiral de pánico y miedo o de reactividad iracunda.

En tercer lugar, una buena razón para aceptar las emociones es que puedes aprender a separarlas de tus juicios negativos hacia ellas. Las emociones implicadas en el modo «luchar, huir o inmovilizarse» no necesariamente provocan pánico, pero tus juicios acerca de ellas pueden hacerlo. Cuando percibes la irrupción de adrenalina de la amígdala, puedes responder con un aluvión de juicios negativos y con aversión. Si piensas: «¡Oh, Dios mío! ¡No puedo soportar este sentimiento!», «No puedo calmarme. Me voy a volver loco» o «Estoy tan sobrepasado que no puedo pensar con claridad. ¡Me siento completamente impotente!», estos juicios hacen que los sentimientos sean más difíciles de soportar.

Por último, necesitas permitir y aceptar las emociones porque la supresión emocional generalmente no funciona bien bajo condiciones de alto estrés. Intentar rechazar u ocultar las emociones relacionadas con el estrés cuando estás muy estresado en realidad interfiere en los intentos de manejarlo, porque suprimir tus emociones puede hacer que te sientas peor y aumentar la intensidad de tu respuesta al estrés.

En un estudio clásico, los investigadores pidieron a un grupo de participantes que intentase no enfadarse al hablar sobre un suceso negativo en sus vidas. Un segundo grupo simplemente hablaba del suceso sin suprimir sus emociones (el grupo de control). Luego añadieron un factor estresante pidiendo a los sujetos que recordasen un número de nueve dígitos mientras hablaban del suceso. Bajo esas condiciones de estrés psicológico, la supresión emocional realmente aumentaba la cantidad de emociones negativas que los participantes sentían sobre el suceso negativo que describían. Parece que intentar suprimir las emociones al tratar con un problema complejo o una situación difícil puede sobrecargar los recursos de tu cerebro y producir un efecto «rebote» (Wegner, Erber y Zanakos 1993).

En otro estudio, el profesor de Psicología de la Universidad Case de la Reserva Occidental (Cleveland) y sus colegas (1998) hallaron que pedir a los sujetos que suprimieran deliberadamente sus emociones mientras observaban una película emotiva los inducía posteriormente a realizar de manera pobre una tarea que exigía autocontrol. Dio lugar también a una conducta más pasiva. Los investigadores sugerían que el autocontrol disminuiría con el uso excesivo. Suprimir emociones que sobrevienen de manera natural exige esfuerzo mental que roba la energía y la voluntad necesarias para gestionar la situación estresante. Suprimir de manera crónica las emociones puede también pasarte factura en tus relaciones, porque hace que te sientas poco auténtico y falso y que las otras personas se sientan más incómodas contigo.

Muchas conductas adictivas, como beber, fumar, tomar drogas, comer en exceso y la adicción a las compras o al sexo son, en su raíz, intentos de evitar sentir las emociones desagradables asociadas con el estrés. Por ejemplo, las personas con bulimia (que se atracan de comida y luego se purgan) son menos conscientes de sus emociones que aquellas que no tienen ningún desorden alimentario. Evitar las emociones puede interferir en la recuperación de las drogadicciones. Si aprendes a tolerar el miedo, la tristeza y la rabia, no tendrás que intentar insensibilizarte cuando aparezcan esas emociones. Esto aumenta tu capacidad de elegir sobre cómo vas a reaccionar y hace más probable que hagas una elección saludable.

En una situación estresante, aceptar conscientemente las emociones desagradables te ayuda a mantener la calma y estar presente, lo que disminuye tu deseo de salir corriendo o abstraerte. Te ayuda a sentirte más auténtico y enraizado, capaz de ver todo el cuadro de emociones positivas y negativas. Esto te permite dedicar toda tu energía a objetivos relacionados con el manejo de la situación. Si, por el contrario, te niegas a aceptar las emociones desagradables, puedes convertirte en alguien pasivo y con tendencia a evitar enfrentarse a los problemas, es decir, a no estar dispuesto a asumir riesgos razonables, tolerar la incomodidad o comprometerte con ciertas actividades, si hay ocasión de que albergues estos sentimientos incómodos. O puede que tomes decisiones menos efectivas porque no tienes en cuenta tus emociones. Dejando que tanto tus pensamientos como tus emociones te guíen, puedes gestionar más efectivamente los factores estresantes, como el desempleo, la soledad o el fin de una relación turbulenta.

EL ASPECTO FUNCIONAL DE LAS EMOCIONES

Los teóricos evolucionistas creen que toda emoción tuvo un aspecto funcional para nuestros antepasados, y que por eso nuestros cerebros están programados para experimentarlas. El miedo te alerta ante una amenaza y te da la energía y el ímpetu para alejarte de ella. La rabia te ayuda a proteger tus fronteras físicas y psicológicas y te defiende. La vergüenza y el remordimiento te motivan para realizar elecciones diferentes o evitar repetir patrones negativos. La tristeza te ayuda a conservar energía, para que puedas atravesar por el duelo. Cuando estás bajo una situación de estrés, es probable que experimentes la mayoría de estas emociones, si no todas, y puede ser útil verlas como los intentos de tu cerebro (a veces erróneos) de mantenerte seguro, más que como amenazas que necesitan eliminarse. En el caso de nuestros antepasados, aquellos que reaccionaban más rápidamente al tigre que se hallaba tras el arbusto, luchando o huyendo, era más probable que vivieran para contar la historia y que su prole sobreviviese. Así pues, una amígdala activa les otorgaba una ventaja evolutiva en un mundo en el que las principales fuentes de estrés eran los animales salvajes y las hambrunas. Con el tiempo, el modo «luchar, huir o inmovilizarse» se programó en nuestros cerebros como una respuesta automática a las circunstancias estresantes.

Si nuestra amígdala está ahí para protegernos, ¿por qué no podemos simplemente escuchar su mensaje de alarma y seguir su impulso de actuar? Aunque esta estrategia pueda funcionar en situaciones extremas, como cuando alguien te sigue en un callejón oscuro por la noche o cuando te encuentras con una serpiente de cascabel, en otras situaciones obedecer ciegamente a tu amígdala puede realmente desviarte del curso de tus objetivos a largo plazo. El problema es que tu amígdala tiene un interruptor de «apagado» y «encendido» más que un dial graduado. Reacciona de un modo «todo o nada». Pero los factores estresantes del mundo moderno son complejos. Salir corriendo, luchar o inmovilizarse no te sirven de mucho cuando te enfrentas a un factor estresante como la soledad, el desempleo, las facturas por pagar o las negociaciones difíciles. Pero si permites las emociones sin actuar impulsivamente o apartarlas, pueden alertarte de una amenaza o de un factor importante a los que necesites prestar atención.

PRÁCTICA: PERMITIR TUS EMOCIONES

Siéntate en un lugar silencioso y deja que tu respiración se estabilice. Haz unas cuantas respiraciones, sintiéndolas a través de todo tu cuerpo a medida que inspiras y espiras. Ahora piensa en una situación estresante a la que te enfrentas actualmente. Halla una imagen en el ojo de tu mente que represente el peor aspecto de la situación o el más importante (por ejemplo, visualiza un montón de facturas impagadas o la cara furiosa de tu jefe). Concéntrate en la imagen hasta que esté realmente clara. Ahora observa cómo la imagen hace que te sientas en tu cuerpo.

Ahora pasa revista a tu cuerpo y presta atención a las áreas de incomodidad, de tensión o de hormigueo. Puedes percibir estas sensaciones en la cabeza, los hombros, el pecho, el plexo solar, el vientre, los pies u otras partes de tu cuerpo. Observa cualquier sensación de ansiedad, de pánico o de estar «acelerado» (como la aceleración de tu corazón o que tu respiración se vuelva más superficial). Estos son signos de que tu amígdala ha enviado a tu sistema nervioso simpático al modo «luchar, huir o inmovilizarse». A continuación intenta dar nombre a estas sensaciones, por ejemplo, decir en silencio (o en voz alta): «Mi pecho está tenso» o «Siento mariposas en el estómago»

Ahora intenta unir una palabra correspondiente a una emoción a estas sensaciones corporales.

¿Sientes miedo, rabia, tristeza, culpa, vergüenza o una mezcla de ellas? Di en voz baja (o en voz alta): «Siento miedo» o «Estoy enfadado», por ejemplo. Al mismo tiempo, observa si tienes alguna aversión o resistencia a esta emoción. Fíjate en cualquier etiqueta o juicio negativo que atribuyas a la emoción, como: «No puedo soportar sentir esto» o «¿Por qué no puedo superarlo?». Después de reconocer que esos juicios están ahí, intenta mantenerlos de manera un poco más ligera y volver a centrar tu atención en tus sensaciones corporales. Observa la diferencia entre la propia emoción y tu resistencia a ella. Puedes decirte: «Está bien permitirme sentir esta emoción».

Concéntrate de nuevo en la emoción corporal y observa si ha cambiado o permanece siendo la misma. ¿Hay alguna diferencia de intensidad desde el comienzo de esta práctica? Permanece con la emoción unos momentos más y luego lleva de nuevo tu atención lentamente a la habitación. ¿Ves la situación estresante de una manera diferente?

Permitir que las emociones entren en nosotros es una práctica de mindfulness, en la que deliberadamente centras tu atención en tus emociones con una actitud de apertura y curiosidad. Percibes también la diferencia entre la propia emoción y tu aversión o juicios acerca de ella e intentas que tus juicios sean más ligeros. Si practicas varias veces a la semana, te familiarizarás más y estarás más cómodo con tus emociones cotidianas relacionadas con el estrés y con las sensaciones corporales que las acompañan. Una actitud consciente te ayudará a reducir tu estrés y producirá una sensación de calma, de manera que sea menos probable que actúes impulsivamente o entres en un estado de pánico.

Al permitirte las emociones, te darás cuenta de cómo percibes la situación estresante en la que te encuentras, y de ese modo podrás comprenderla y describirla. Si alguna vez temes que una emoción estará ahí siempre o que puede volverte loco, la práctica siguiente te ayudará a aprender que las emociones son temporales: cualquier emoción que experimentes alcanzará la cumbre y luego se desvanecerá.

PRÁCTICA: SURFEANDO LA OLA DE TUS EMOCIONES

En el libro *Mindfulness en la vida cotidiana: donde quiera que vayas, ahí estás* (Paidós Ibérica, 2009), el pionero de mindfulness Jon Kabat-Zinn dijo que mindfulness es como surfear las olas de tus emociones. No puedes evitar que las olas lleguen, pero puedes aprender a surfear para que no te derriben.

1. Siéntate de manera confortable en una silla, un sofá o el suelo y mantén una postura erguida pero relajada. Comienza llevando tu atención a la respiración, observando cómo el aire entra y

sale. Sé consciente de la pausa entre cada inspiración y cada espiración. Haz esto unas cuantas veces.

2. Empieza a pensar en tu situación estresante. Intenta obtener una imagen clara que represente el peor aspecto, o el más importante, de tu factor estresante.
3. Observa lo que sientes en tu cuerpo y dónde lo sientes, y ponle un nombre, como «rabia» o «tristeza». Puede que experimentes más de un sentimiento, eso es normal.
4. Puntúa la intensidad de tu sentimiento, desde neutro (0) hasta extremadamente intenso (10). Cuando tengas un número en mente, sigue observando la sensación en tu cuerpo mientras continúas respirando. Simplemente toma nota del sentimiento e intenta adoptar una actitud abierta, curiosa, de aceptación, hacia ella. Si percibes alguna presión o tensión, manda unas respiraciones a esa área de tu cuerpo. Observa cualquier juicio que tengas sobre el sentimiento e intenta sostenerlo de manera menos rígida o imagina que se marcha flotando.
5. Sigue observando el sentimiento, nota cualquier cambio de intensidad. Haz esto durante quince o veinte minutos, percibiendo la intensidad cada cinco minutos aproximadamente.

¿Se intensifica el sentimiento, para luego esfumarse gradualmente?

Una vez conoces la técnica del «surfeo emocional», puedes empezar a utilizarla cuando sientes que surge una emoción difícil o cuando tienes que hacer algo que te incomoda. Cuando tengas que confrontarte con alguien, cumplimentar la declaración de impuestos, pronunciar una conferencia, ir a una primera cita, hacer un examen o acudir a una entrevista de trabajo, observa qué sientes en tu cuerpo y dale nombre a la emoción. Poner palabras a las emociones hace también que el hemisferio derecho de tu cerebro (que es más espacial y holístico) funcione unido al hemisferio izquierdo (que es más lingüístico y centrado en el detalle). De ese modo puedes unificar todo tu cerebro y crear una reacción al estrés más equilibrada.

Permitir las emociones sin juzgarlas ni cambiarlas puede hacer que te sientas más cómodo con ellas, pero también puedes trabajar más directamente conteniéndolas, suavizándolas y calmándolas. En la sección siguiente, aprenderás unas cuantas maneras distintas de hacer esto.

CONTENER, SUAVIZAR Y CALMAR LAS EMOCIONES

Tener un cerebro a prueba de estrés quiere decir que puedes experimentar emociones relacionadas con tu situación estresante de forma equilibrada, sin dejar que el modo «luchar, huir o inmovilizarse» te domine y te desequilibre o haga que actúes de manera imprudente. Saber cómo suavizar y calmar las emociones relacionadas con el estrés para poder escuchar su mensaje con mayor tranquilidad puede resultar muy ventajoso. Probablemente también quieras saber cómo contener las emociones relacionadas con el estrés para que no dominen tu mente y tu cuerpo. En las prácticas siguientes, utilizarás imágenes mentales para ayudarte a calmar la respuesta «luchar, huir o inmovilizarse» de tu amígdala y las emociones de miedo o de rabia que provoca.

PRÁCTICA: SUAVIZAR LAS EMOCIONES EN TU CUERPO

Siéntate en un lugar tranquilo y deja que tu respiración se estabilice. Haz unas cuantas respiraciones siguiendo el movimiento de inspirar y espirar. Ahora piensa en tu situación estresante. Halla una imagen en el ojo de tu mente que represente el peor aspecto, o el más importante, de la situación (por ejemplo, visualiza un montón de facturas impagadas o el rostro furioso de tu jefe). Concéntrate en la imagen hasta que sea realmente clara.

A continuación observa cómo la imagen hace que te sientas en tu cuerpo. Intenta localizar la sensación exacta en tu cuerpo y simplemente toma nota de ella. Trata de describirla con palabras: «Un nudo en la garganta», «Calor en la cabeza», etcétera. ¿A qué emoción apunta? Observa esa emoción. ¿Qué aspecto tiene? ¿De qué color sería, si tuviera un color? ¿Es de un tamaño grande, mediano o pequeño? ¿Es pesada o ligera? ¿Y qué forma tiene? ¿Tiene bordes? ¿Y esos bordes son tersos o rugosos? ¿Y es caliente o fría? ¿Es áspera o suave? Finalmente, ¿es estática o cambiante esa emoción? Si se mueve, ¿lo hace rápida o lentamente?

Una vez hayas contestado a estas preguntas, visualiza la emoción en tu cuerpo desde el punto de vista de estas cualidades. Puedes imaginar una masa gris pesada, un charco verde de porquería, un corazón roto o rayos de luz. De este modo, estás utilizando imágenes mentales y tus sentidos intuitivos para darle forma y cualidades sensoriales a la emoción y poder así trabajar con ella.

Ahora intenta encontrar un modo de suavizar esta emoción. Si los contornos son dentados, ¿puedes suavizarlos un poco? Si la emoción es pesada, ¿puedes hacerla algo más ligera? Si es grande, ¿puedes reducirla un poco? Si es densa, ¿puedes hacerla más permeable? También puedes imaginar que suavizas la forma de los bordes o los envuelves en un material suave, como de la sustancia de las nubes. Puedes preguntarle qué necesita y ver si obtienes respuesta. Sigue buscando modos de suavizar la emoción y sigue observando cómo cambia. Cuando ya no se suavice más, detente y vuelve lentamente a la habitación. Puedes descubrir que la emoción es menos densa en tu cuerpo, menos intensa y menos amenazadora que cuando comenzaste.

En la práctica siguiente, aprenderás otro modo de suavizar una emoción utilizando imágenes de la naturaleza para representarla como un objeto en movimiento, que fluye. Esto crea una cierta distancia respecto de la emoción, lo cual te permite darte cuenta de que la emoción no eres *tú*. Las imágenes que he elegido son similares a las que se utilizan en muchas prácticas de mindfulness.

PRÁCTICA: UTILIZAR IMÁGENES DE LA NATURALEZA PARA EXTERIORIZAR LA EMOCIÓN

Esta práctica implica utilizar tu imaginación para conseguir conocer tus emociones relacionadas con el estrés con una actitud de curiosidad consciente y abierta. Elige la imagen que más te guste, o prueba todas ellas.

Un estanque. Imagina que tu mente es un estanque en medio del bosque. En la superficie, el agua es marrón, turbia y fangosa, con pequeñas ramitas, hojas caídas y otros desperdicios. Imagina que tus emociones relacionadas con la situación estresante son los objetos de la superficie que agitan el agua y la enturbian. Obsérvalas viendo cómo se estabilizan hasta que el agua queda en calma y clara y puedes ver el fondo del estanque. ¡Cuando dejas que las sensaciones de estrés se estabilicen, puedes ver la situación con mayor claridad y paz mental!

[La imagen del estanque o el lago en la meditación mindfulness se utilizó en «La meditación del lago» en el libro de Jon Kabat-Zinn *Mindfulness en la vida cotidiana: Donde quiera que vayas, ahí estás*].

Un océano. Imagina que tu mente es un océano azul y tus emociones estresantes son las olas. Imagina cómo las olas se elevan y se encrespan, para romper luego con un estallido de espuma blanca, y después se van debilitando y calmando. Observa cómo las olas se levantan y caen.

El firmamento. Imagina que tu mente es el firmamento y tus emociones son las nubes que flotan en él. Dales a las nubes diferentes naturalezas, según el tipo de emoción y su intensidad. Pueden ser nubes grises e inquietantes de tormenta para la rabia y blanquecinas y esponjosas para los sentimientos alegres. Observa qué emociones atraes y cuáles quieres rechazar. Incluso si te sientes apegado a ellas, déjalas ir y simplemente permite que sigan flotando para dejar espacio a las siguientes.

Una tormenta. Imagina que tus emociones son lluvia y viento que te van lavando. Observa cómo la tormenta se intensifica, con gotas pesadas y vientos feroces, cómo alcanza la cumbre y luego cómo se calma poco a poco hasta que solo quedan unas ligeras gotitas de lluvia. Si quieres, puedes imaginar el arcoíris al final.

Un fuego. Imagina que tus emociones son un fuego, y tú lo estás observando a una distancia de seguridad. Observa cómo las llamas se enfurecen y rugen ruidosamente antes de ir muriendo poco a poco hasta que solo quedan las ascuas humeantes.

EXPRESAR LAS EMOCIONES

Otra manera de gestionar tus emociones relacionadas con la situación estresante es encontrar un modo seguro de expresarlas. Puedes hacerlo dibujando, escribiendo un diario o confiándolas a un amigo de confianza o a un miembro de tu familia. James Pennebaker, profesor de Psicología de la Universidad de Texas, es un pionero en el campo de la expresión emocional. Creó un breve procedimiento de autoayuda (Pennebaker y Chung 2011) que consiste en escribir tus pensamientos y emociones más profundos referentes a un suceso estresante actual que no esté resuelto. También insta a «escribir una narración con un comienzo, un desarrollo y un final» y a relacionar los hechos del suceso con los pensamientos y emociones correspondientes. Los sujetos escriben durante veinte o treinta minutos cada uno de los tres o cuatro días en los que se desarrolla la técnica.

Este procedimiento de escritura se ha experimentado en cientos de estudios centrados en personas que están atravesando por todo tipo de factores estresantes

(Frattaroli 2006), a quienes ha ayudado a mantenerse sanas, a sentirse mejor y a emprender acciones positivas. No obstante, ha habido algunos estudios que no han hallado efectos beneficiosos y otros en los que escribir ha ayudado a algunas personas más que a otras. En uno, ingenieros y directivos recientemente despedidos que escribieron de manera expresiva sobre la pérdida de su trabajo encontraron un empleo en los meses siguientes más frecuentemente que aquellos que no realizaron este tipo de escritura (Spera, Buhrfeind y Pennebaker 1994). Sus autores sugirieron que las emociones negativas y la ira respecto a la pérdida del trabajo podrían «filtrarse» e interferir en la motivación positiva de obtener un nuevo trabajo en su actuación en la entrevista. La escritura pudo haber ayudado a disolver esas emociones.

En otro estudio, que dirigí junto a mi colega Stephen J. Lepore, profesor de Estudios de la Salud y Conductuales de la Universidad de Columbia (Lepore y Greenberg 2002), los estudiantes universitarios que escribieron sus pensamientos y emociones referentes a la ruptura reciente de una relación era más probable que volvieran con su expareja que los pertenecientes al grupo al que se le pidió que escribiera sobre sucesos no emocionales (como las actitudes hacia la etapa universitaria). Aunque el número de exparejas que volvieron a estar juntas era pequeño en conjunto, la escritura expresiva puede que ayudase a quienes querían reiniciar la relación a ser más proactivos al respecto. Igualmente, aquellos que escribieron expresivamente sobre la ruptura experimentaron menos tensión y cansancio y menos síntomas respiratorios (como tos y estornudos) en las semanas siguientes. Quizás escribir los ayudó a darse cuenta de que la ruptura era inevitable o era lo mejor, de manera que se sentían menos estresados.

La escritura expresiva ha ayudado a los estudiantes a adaptarse a la universidad y hacer frente al estrés de los exámenes finales. Cuatro meses después de participar en una intervención de escritura expresiva en la que escribían sobre sucesos estresantes, los pacientes con asma habían mejorado su función pulmonar y aquellos con artritis reumatoide recibieron de los médicos mejores valoraciones en salud (Smyth *et al.* 1999). De manera similar, después de escribir sobre el estrés que les causaba su enfermedad, pacientes de cáncer informaron de menos síntomas físicos y realizaron menos visitas al médico (Stanton *et al.* 2002).

¿Por qué la escritura expresiva te ayuda a permanecer sano cuando haces frente a muchas clases distintas de factores estresantes? La escritura puede ayudarte a superar tus mecanismos de evitación y de aplazamiento y a hacer frente a lo que estás sintiendo, así como a comprender mejor lo que quieres y lo que necesitas de la situación estresante. Esto puede darte más claridad y animarte a ser proactivo cuando se trata de crear y perseguir objetivos relacionados con el factor estresante.

Crear una narración que integre los hechos de la situación estresante con los pensamientos y las emociones puede ayudar a que te enraíces y esto hacer que tu amígdala se calme para que puedas actuar de manera más eficaz. Tal narración puede proporcionarte una nueva comprensión y una nueva perspectiva que te ayude a sentirte menos estresado. Escribir veinte o treinta minutos te proporciona un tiempo limitado para concentrarte en tus emociones relacionadas con el factor estresante y exteriorizarlas. Igual que escribir una lista de tareas por hacer te ayuda a abordarlas una a una, escribir sobre lo que te estresa te ayuda a hacer frente a las emociones acerca de la situación en pequeñas «dosis», más que todo de golpe. ¿Listo para intentarlo?

PRÁCTICA: EXPRESAR LOS PENSAMIENTOS Y EMOCIONES ESCRIBIENDO

Prepara un bolígrafo y papel o compra una libreta que te agrade para escribir en ella. Siéntate en un lugar tranquilo donde nadie te moleste. Apaga tu móvil y otros artefactos electrónicos.

A continuación, durante los siguientes veinte o treinta minutos, escribe sobre el suceso estresante al que te estés enfrentando. Asegúrate de incluir los hechos así como tus pensamientos y emociones ante él. Intenta escribir una narración en la que esté claro el comienzo, el desarrollo y el final. No te preocupes de la ortografía, la gramática ni la letra que haces. Lo importante es que escribas sobre tus pensamientos y sentimientos más profundos. (Si escribir te parece demasiado angustiante, puedes hacer un descanso o detenerte). Intenta hacer lo mismo el día siguiente y el otro, o convierte tu diario en una parte regular de tu vida.

Si has sufrido un trauma grave, como abusos sexuales, y tienes sentimientos muy intensos al respecto o tiendes a evitar por todos los medios hacerle frente, quizás quieras consultar a un profesional bien formado en salud mental, más que confiar exclusivamente en métodos de autoayuda como la escritura expresiva.

PENSAMIENTOS FINALES

En este capítulo has aprendido que en una situación estresante es inútil suprimir tus emociones, porque pueden regresar en cualquier momento. La supresión emocional requiere también energía y voluntad de poder que podrías utilizar para lidiar con lo que te produce estrés.

Las emociones contienen información valiosa sobre tus reacciones a una situación. También pueden ayudarte a emprender acciones para protegerte, conservar tu energía o aprender de la experiencia. Si estás dispuesto a aceptar tus emociones –aunque te incomoden–, aumentarán, llegarán a la cumbre y luego desaparecerán gradualmente. Pensar en tus emociones como una ola o una tormenta puede serte útil.

Expresar tus emociones en una agenda o un diario te ayudará a relacionarlas con los sucesos que las produjeron y con tus pensamientos sobre la situación. Esto puede contribuir a que te sientas más calmado. También puede conducir a nuevas comprensiones o a nuevas estrategias de superación que pueden ayudarte a manejar aquello que te estresa.

CAPÍTULO

5

CONSEGUIR CONTROLAR TU ESTRÉS

Cuando haces frente a un factor estresante prolongado o a una serie de problemas estresantes, puedes sentir que estás perdiendo el control de tu vida: intentas por todos los medios gestionarlo, pero, a pesar de todos tus esfuerzos, nada parece cambiar. No tener control sobre sucesos importantes de tu vida puede exacerbar tus sensaciones de estrés y provocarte depresión. Los problemas contra los que no puedes hacer nada es más probable que desencadenen el modo «luchar, huir o inmovilizarse» que aquellos que parecen controlables. Afortunadamente, hay maneras de percibir que se tiene cierto control sobre lo que nos estresa, incluso en las circunstancias más adversas. En este capítulo, aprenderás cómo sentir que controlas un poco más aquello que te estresa en tu vida. Incluso si no puedes controlarlo totalmente, aprenderás a concentrarte en las partes que puedes controlar. Utilizarás tu corteza prefrontal para reevaluar las circunstancias estresantes o tu capacidad de hacerles frente y luego enviar la información a tu amígdala para que se calme.

POR QUÉ EL CONTROL ES IMPORTANTE

Los seres humanos tenemos una fuerte preferencia por las condiciones controlables. Para nuestros antepasados, lo impredecible, lo incierto y la falta de control eran peligrosos. Necesitaban saber cuándo era probable que los depredadores estuvieran durmiendo o lejos, para poder planear sus salidas y conseguir alimento y agua con seguridad. Necesitaban saber cuáles eran las mejores épocas para plantar y para cosechar sus plantaciones y así poder almacenar provisiones para pasar el invierno. Si las cosas estaban fuera de sitio o no eran como se esperaba, eso podía suponer un serio peligro. Durante miles de años, la necesidad de saber que se controlaba la situación se fue programando en los cerebros humanos. Nuestras amígdalas están diseñadas para considerar la falta de control y lo impredecible como amenazas a la supervivencia y para reaccionar desencadenando la respuesta al estrés. Desafortunadamente, el cambio y la incertidumbre constituyen hechos de la vida en el mundo moderno. Terroristas, colapso económico, terremotos y asesinatos cruzan las pantallas de nuestros televisores, poniendo constantemente nuestra amígdala en alerta máxima.

Los humanos no son las únicas criaturas que se estresan si no tienen el control. Como aprenderás en este capítulo, la investigación con roedores, perros, monos y otros animales demuestra claramente que el estrés incontrolable es más tóxico para la mente, el cuerpo y la conducta de muchas especies que el estrés controlable. En un estudio clásico sobre la «impotencia aprendida» (Seligman y Maier 1967), unos perros fueron expuestos o a *shocks* eléctricos que podían interrumpir presionando una palanca (condición controlable) o a *shocks* eléctricos que empezaban y terminaban independientemente de la conducta de los animales (condición incontrolable). Aunque ambos grupos recibieron la misma cantidad total de *shocks*, los perros que estuvieron expuestos al *shock* incontrolable actuaron más angustiados. Y lo que es más preocupante, cuando todos fueron puestos, más tarde, en una caja en la que podían evitar el *shock* saltando una barrera, solo aquellos que previamente habían sido expuestos al *shock* controlable tuvieron éxito en aprender la respuesta de evitación. Los que anteriormente habían estado expuestos al *shock* incontrolable no aprendieron a evitar las descargas. Los investigadores teorizaron que estos últimos habían aprendido previamente que sus conductas no podían evitar las consecuencias indeseadas, así que dejaron de intentarlo. De este modo, nunca percibieron que las condiciones habían cambiado y que evitarlo estaba ahora a su alcance. El profesor Seligman creía que estos problemas de aprendizaje y motivación eran similares a los hallados en personas con depresión. Propuso que la depresión es una forma de «impotencia aprendida» producida por estrés incontrolable en la infancia.

Estudios con roedores sugieren también fuertemente que el estrés incontrolable tiene más efectos perjudiciales que el estrés controlable: los roedores que fueron expuestos a *shocks* incontrolables mostraron mayores déficits en el aprendizaje y más cambios, relacionados con el estrés, en los neurotransmisores cerebrales que los aquellos que tenían la oportunidad de poner fin al *shock* presionando una palanca (Altenor, Kay y Richter 1977; Weiss, Stone y Harrel 1970; Weiss *et al.* 1975). Además, los roedores que recibían *shocks* a intervalos aleatorios estaban más estresados y exhibían más efectos perjudiciales que los que los recibían a intervalos regulares, predecibles (Mineka y Kihlstrom 1978). Saber cuándo iba a llegar el *shock* les permitía un período de relativa seguridad para recuperarse entre las descargas.

El estrés incontrolable parece interferir en nuestra motivación natural a buscar experiencias nuevas e interesantes. Primates criados en entornos en los que podían controlar el acceso a la comida y al agua y las amenazas, posteriormente mostraron menos miedo y una mayor conducta exploratoria cuando eran expuestos a una situación nueva que aquellos criados en entornos incontrolables (Mineka, Gunnar y Champoux 1986). En los humanos, como vimos anteriormente, el estrés incontrolable en la infancia puede dañar la capacidad de la corteza prefrontal para modular la respuesta de la amígdala al estrés. Los humanos que de niños experimentaron un estrés crónico incontrolable pueden ser más pasivos y estar menos motivados para probar nuevos modos de pensar y de comportarse que podrían ayudarlos a adaptarse a las circunstancias estresantes.

Un área en la que se puede experimentar estrés incontrolable es el mundo laboral. La mayoría de los trabajadores no puede controlar las exigencias de su puesto, su salario, cómo los trata su jefe, las tareas que se les asignan ni cuándo tienen que trabajar. Los estudios de Whitehall en Gran Bretaña (mencionados en el capítulo 2; Marmot *et al.* 1991) examinaron la relación entre el nivel profesional, el control percibido y la salud a largo plazo en más de diez mil funcionarios públicos. Quienes estaban en escalones superiores (como gerentes y ejecutivos) presentaban una tasa de mortalidad muy inferior y muchas menos enfermedades del corazón que quienes se hallaban en escalones inferiores. También detectaron mucho más control sobre su trabajo, y cuanto más control sentían que tenían, mejor era su salud. En general, los trabajos más estresantes son aquellos en los que se tienen niveles altos de responsabilidad, pero bajos de control. No es el director ejecutivo sentado en su despacho, sino el auxiliar administrativo en recepción, quien generalmente está más estresado.

Si te estás enfrentando a un estrés incontrolable, deberías estar contento de haber comprado este libro. La investigación muestra que si puedes hallar algún modo de sentir que tienes control sobre las circunstancias estresantes, será menos probable que te veas afectado negativamente por ellas y más probable que las gestiones de manera efectiva (Rodin 1986; Thompson *et al.* 1993). ¡El modo de ver lo que te estresa es tan importante como las circunstancias reales, cuando se trata de efectos a largo plazo sobre la salud y la felicidad!

Intentar tener el control puede parecer, al principio, la antítesis de mindfulness. En el capítulo anterior, aprendiste cómo el mindfulness invita a hacer frente a las emociones y aceptarlas, más que a intentar cambiarlas deliberadamente. Pero puede coexistir con un fortalecimiento de tu sensación de control. La idea es aceptar de manera consciente lo que está ocurriendo en el presente, pero también enfrentarse al factor estresante de manera activa y emprender acciones meditadas para ello. Intenta distinguir también entre aquello sobre lo que puedes tener influencia y aquello sobre lo que no puedes, utilizando mindfulness para aceptar lo que te resulte imposible cambiar. Mindfulness no es lo mismo que aceptación pasiva. Más bien, implica trabajar activamente para abandonar el rechazo y los juicios que te hagan sentir más impotente y con menos control.

IMPORTA MUCHO LA VISIÓN QUE TENGAS DEL ESTRÉS

Además de los propios factores estresantes, tu actitud hacia tu estrés puede afectar a tu estado de ánimo y tu salud. Si tienes que dar una charla y sientes que tu corazón se acelera y que tienes mariposas en el estómago, puedes empezar a sentirte realmente estresado y a centrarte en todo lo que pudiera estar equivocado. Pero si interpretas esas mismas sensaciones como signos de entusiasmo, te sentirás menos estresado y más centrado en tu pasión hacia el tema o en compartir el conocimiento en el que eres experto.

La Escala de Estrés Percibido (EEP) desarrollada por el doctor Sheldon Cohen y sus colegas en la Universidad Carnegie Mellon (Cohen, Kamarck y Mermelstein 1983) mide el grado en que sientes que has perdido el control y te ves abrumado por las circunstancias de tu vida. Hace preguntas como: «En el último mes, ¿cuántas veces has sentido que no podías manejar todo lo que tenías que hacer?» y «En el mes pasado, ¿cuántas veces te has sentido nervioso y estresado?». Se ha demostrado que los niveles altos de estrés percibido predicen enfermedades cardíacas, depresión, ansiedad y muchas otras consecuencias negativas para la salud, asociadas al estrés crónico, como un descenso de la inmunidad. Por otra parte, hallar modos de sentirse menos estresado, incluso en circunstancias relativamente incontrolables, puede proteger tu mente y tu cuerpo.

¿Por qué tu actitud hacia el estrés supone tal diferencia? Si piensas que estás enfrentándote al fin del mundo, creas una preocupación crónica que interfiere en la capacidad que tiene tu sistema nervioso parasimpático de apagar el modo «luchar, huir o inmovilizarse» cuando lo que te estresa no está presente. Tus pensamientos y tus sentimientos acerca de lo que te estresa se filtrarán en otros aspectos de tu vida. Recuerda que nuestros cerebros y el resto de nuestros cuerpos fueron diseñados para alternar períodos de activación de las sensaciones y los sentimientos con la posibilidad de descansar y reponer tu energía. Así que cuando tu hijo enfermo está durmiendo la siesta por fin, tu enfurecida pareja ha logrado calmarse, los exámenes finales han terminado, tus impuestos están pagados o has sobrevivido al tráfico en la autovía y estás a salvo en casa por la noche, necesitas hacerle saber a tu cerebro que entras en un período seguro y ya no necesitas luchar, huir ni inmovilizarte. ¡Tu cerebro necesita desconectar la respuesta al estrés para que no tengas tantos efectos secundarios en las áreas de tu vida que se supone que no están estresadas!

Si estuviste sometido a mucho estrés incontrolable en la infancia, es probable que tus percepciones del estrés sean alimentadas por creencias y sentimientos relacionados con esos sucesos pasados. El modo en que nuestros cerebros aprenden a temer es una parte importante de este proceso. Nuestros cerebros crean memorias fuertes y destacadas de lo que es inseguro, y siguen trayendo a colación esas memorias en toda situación que sea incluso ligeramente similar. Por ejemplo, si te abandonaron de niño, puedes temer que tu pareja te abandone. Como consecuencia, puedes evitar las relaciones románticas totalmente o, lo que es más probable, sentirte estresado y activado cada vez que discutes con tu pareja o cada vez que tu pareja parece que se distancia de ti.

Una vez tu cerebro ha aprendido que un cierto tipo de situación (como mantener una relación) es peligrosa, le resulta muy difícil desaprender esa información y considerar esa situación segura. El mecanismo de evitación bloquea las oportunidades de un nuevo aprendizaje, como viste en el paradigma de la impotencia aprendida. Esto se debe también al modo como tu amígdala funciona. Ya sabes que tu amígdala solo tiene un interruptor de «apagado y encendido», no un dial con diferentes grados. De manera que hará sonar la alarma cuando entres en un tipo de situación que es similar a la que anteriormente te estresó, ya que tiende a generalizar en exceso: no es lo suyo eso de ver diferencias. Por ejemplo, si suspendiste el examen de matemáticas, tu amígdala podría crear fuertes señales de estrés también cuando estés escribiendo tu ensayo de historia, incluso aunque seas un estudiante sobresaliente en historia. Por eso no puedes confiar solo en tu amígdala; tienes que tomar un descanso consciente y bajar el ritmo, para que tu corteza prefrontal pueda asumir el mando y enviar información para «apagar» el modo «luchar, huir o inmovilizarse» cuando estás reaccionando desmesuradamente.

Estresarte por tu estrés no hará más que empeorar la situación. El estrés es un hecho de la vida que ha de gestionarse, no eliminarse. Como aprendiste en el capítulo 1, el estrés agudo puede energizarte para que funciones de la mejor manera posible ¡e incluso ayudarte a desarrollar nuevas neuronas en el cerebro! En un estudio (Crum, Salovey y Achor 2013), las personas que percibían su estrés como perjudicial para su salud tuvieron realmente más problemas de salud que aquellas que percibían el mismo nivel de estrés menos negativamente. El secreto es hallar un modo de ver la situación estresante como al menos parcialmente bajo tu control y sentirte más confiado en tus habilidades y capacidades de superación.

DOTARSE DE RESILIENCIA FRENTE AL ESTRÉS

La investigación muestra que superar cierto nivel de estrés y adversidad puede hacernos más resilientes en el futuro. Investigadores de la Universidad de California (Seery, Holman y Silver 2010) hicieron un seguimiento a una muestra de participantes durante varios años. Encontraron los habituales efectos negativos de la exposición a un estrés muy alto, así como algo sorprendente:

las personas que habían experimentado alguna adversidad (como la muerte de un ser querido) manifestaron estar menos estresadas por sucesos de la vida reciente y tener menos problemas de salud mental que quienes previamente no habían padecido ninguna adversidad. El estrés que se puede controlar o dominar parece tener un efecto «vacuna». Lo que no te mata puede hacerte más fuerte. Es más probable que tengas confianza en tu capacidad de adaptación, esto es, verte como alguien que puede superar las dificultades de la vida.

Uno de los primeros investigadores en estudiar la resiliencia fue la psicóloga infantil de la Universidad de California Emmy Werner (Werner y Smith 2001). Ella y sus colegas estudiaron a un grupo de niños que habían experimentado la pobreza, la victimización y haber recibido poca atención, y siguieron la pista a estos niños hasta que tuvieron cuarenta años. A dos tercios no les fue bien en la vida. Pero el resto crecieron como adultos felices, con éxito, sanos y optimistas. Los investigadores observaron que los niños a los que les fue bien tenían en común algunos «factores protectores». Además de un buen temperamento, habían sido capaces de encontrar al menos un adulto fuera de la familia que desempeñó un papel positivo como cuidador. También tenían al menos una habilidad (deportiva, musical o académica) que les proporcionó un sentido de orgullo y logro y que llevó a que sus compañeros y profesores los consideraran de manera positiva.

Si hay un área de tu vida en la que puedes experimentar una sensación de control y de sentirte bien debido a tus logros, el estrés en otras áreas no te afectará tanto. Intenta encontrar una afición, una actividad voluntaria o un deporte que te proporcione un sentido de realización. Muchos altos ejecutivos son también corredores, y reconocen que correr los ha ayudado a superar los momentos difíciles. Si las tareas y las responsabilidades domésticas hacen que te sientas estresado, ofrecerte como voluntario en la escuela de tus hijos, entrenar a su equipo deportivo o realizar servicios en tu comunidad puede proporcionarte una sensación de control y realización que amortigüe tu estrés. Elaborar pan, tener un álbum de recortes, pintar, hacer excursionismo o escribir un blog puede ofrecerte también un sentimiento de autoestima y de logros positivos.

APLICAR EL CONTROL CONSEGUIDO A LA REDUCCIÓN DEL ESTRÉS

Como he señalado, tu amígdala no es demasiado buena a la hora de diferenciar entre situaciones parecidas. Se limita a advertirnos que hay una situación ante la que debemos prestar atención y enciende el modo «luchar, huir o inmovilizarse». Tu corteza prefrontal, por otra parte, puede adoptar una visión más sofisticada de la situación y hacerle saber a la amígdala: «Ya estamos ocupándonos de esto. Tú puedes relajarte». La investigación muestra que sentir que se tiene el control sobre al menos alguna parte de las circunstancias de tu vida puede ayudar a que seas menos reactivo al estrés tanto física como psicológicamente (Neupert, Almeida y Charles 2007; Wallston *et al.* 1987).

El nivel de control que sentimos tener parece descender a medida que envejecemos, quizás porque es más probable que padezcamos enfermedades graves, un declinar de nuestras capacidades o la muerte de un ser querido. Los residentes de hogares para ancianos, por ejemplo, experimentan fuertes sentimientos de estrés y muy poco control auténtico sobre sus vidas. Los ancianos que entran en residencias a menudo se vuelven menos activos y más deprimidos y apáticos. Un estudio clásico (Langer y Rodin 1976; Rodin y Langer 1977) ilustra de manera hermosa el poder de aumentar el control que se siente tener sobre las circunstancias de la vida. En este estudio de residentes de hogares para ancianos, los participantes de un grupo recibieron una intervención diseñada para aumentar el control que se cree tener sobre la propia vida: se les dijo que tenían control y deberían asumir una responsabilidad personal sobre su participación en las actividades, la socialización y la rutina diaria. También se le dio una planta a cada uno y se les pidió que la regaran. Los participantes del otro grupo recibieron una intervención de «bajo control». Se les dijo que el personal de la residencia cuidaría de ellos. También se les dio una planta, pero se les indicó que la regaría el personal de la residencia geriátrica.

¡Los resultados fueron sorprendentes! Durante los dieciocho meses siguientes, los participantes del grupo de alto control fueron más activos, tuvieron mejor salud, demostraron menos deterioro en el estado de ánimo y en la sociabilidad y era menos probable que murieran que los del grupo de bajo control. Sentir que tenían más control llevó a los residentes a realizar más esfuerzos y a participar más en las actividades. Por tanto, era más probable que hallasen recompensas naturales, como amistades o nuevos conocimientos, que puede que creasen un ciclo positivo de motivación y de sentirse bien. Me encanta este estudio, porque todavía tengo una imagen mental de mi anciana madre en su pequeño pero soleado apartamento repleto de plantas de las que cuidaba por sí misma (sin saber nada de este estudio). ¡A pesar de tener que hacer frente a muchas situaciones estresantes en su vida, vivió hasta los noventa y un años!

Hay un par de maneras diferentes de sentir el control sobre las circunstancias estresantes. Puedes creer que puedes hacer algo para influir de manera beneficiosa en las consecuencias de tu estrés. Si te hallas en una etapa difícil de tu relación pero crees que tú y tu pareja podéis restablecer vuestra intimidad, te sentirás menos estresado. Si te estás enfrentando a una prueba difícil y crees que estudiar mucho te llevará al éxito, tu nivel de estrés disminuirá. Las personas desempleadas que siguen creyendo que encontrarán un trabajo u otra oportunidad y que el desempleo solo es temporal disfrutan de una mejor salud mental que los que no tienen confianza en encontrar un trabajo.

Los investigadores han estudiado los efectos del control percibido en entornos clínicos y han hallado que el control sobre los síntomas o sobre el resultado de la enfermedad te hace más resiliente. Los estudios de pacientes que tenían que lidiar con el estrés de la artritis, del dolor crónico o de la fibromialgia mostraron que presentaban más depresión e incapacidad si se sentían impotentes para controlar sus síntomas o su enfermedad (Hommel *et al.* 2001; Palomino *et al.* 2007; Casey *et al.* 2008). Este efecto tiene lugar más allá de cualquier diferencia en la gravedad de los síntomas o de los tratamientos médicos. El estrés puede provocar síntomas que se desencadenan en estos tipos de enfermedades, y el hecho de sentirse impotente aumenta los niveles de estrés. Por otra parte, sentirse con el control de tu enfermedad o tus síntomas permite que estés menos estresado y es más probable que permanezcas activo y en funcionamiento. Una manera de sentir que se tiene el control es verse como una persona que puede hacer (o aprender a hacer) lo que la situación exija.

HALLAR LA CONFIANZA PARA CONTROLAR EL ESTRÉS

Algunas investigaciones (por ejemplo, Curtis, Croaker y Sullivan 2014) muestran que si tienes confianza en que puedes controlar el estrés, te sentirás menos estresado. Tener un modelo que haya hecho frente a las mismas dificultades y las haya superado con éxito es una manera de aumentar tu confianza. Por ejemplo, si quieres ser abstemio, asistir a las reuniones de Alcohólicos Anónimos es probable que mejore tu confianza en que puedes permanecer sobrio a largo plazo, porque los miembros más antiguos actúan como modelos positivos para los recién llegados al compartir sus historias de sobriedad o de volver a la normalidad después de una recaída. ¿Tienes un modelo o conoces a alguien que haya dominado un factor estresante similar? Acercarte a esa persona y pedirle consejo puede mejorar tu confianza en el manejo de habilidades.

Piensa en las circunstancias estresantes que afrontas y en tu nivel de confianza en que puedes realizar algo constructivo para hacerles frente, conseguir tus objetivos o evitar un resultado negativo. Puedes hacerte las siguientes preguntas:

- ¿Qué me ayudó a sobrevivir en otras circunstancias difíciles de mi vida?
- ¿He tenido que hacer frente a este tipo de situación anteriormente?

- ¿Qué habilidades o cualidades personales tengo que podrían ayudarme a manejar la situación?
- ¿En qué recursos o apoyos externos puedo confiar para que me ayuden a hacer frente al factor estresante?

Una paciente a la que llamaré Susan (en realidad es un perfil de paciente y no una en concreto) estaba en trámites para divorciarse y se sentía muy estresada ante la perspectiva de la ruptura matrimonial, la lucha económica y tener que criar a su hijo sola. La conduje paso a paso a través de estas cuestiones y recordó cómo había sobrevivido a una infancia con una madre alcohólica. Había superado con éxito una anterior ruptura de pareja apuntándose a un gimnasio, trasladándose de las afueras al centro de la ciudad (donde podría encontrar más compañeros potenciales) y recordándose la autoestima que se tenía. Pensó sobre lo ahorrativa que había sido durante su vida universitaria y se dio cuenta de que podía ser feliz con menos cosas materiales. Se percató también de que era una buena madre y muy capaz de cuidar a su hijo cuando su exmarido viajaba por motivos de trabajo. Su hermana y sus amigos podrían ofrecerle apoyo emocional y ayuda como canguros. ¡Y sobre todo era una superviviente! Trayendo a la mente, de manera consciente, experiencias pasadas de dominio del estrés y los recursos actuales en los que podía confiar, Susan pudo aumentar la confianza en sí misma y sentir que tenía un mayor control sobre su vida. Esto la llevó a sentirse menos estresada y más optimista.

PRÁCTICA: HALLAR LA CONFIANZA PARA CONTROLAR EL ESTRÉS

Responde a las preguntas siguientes en un diario o en una hoja de papel.

- ¿Cuál es la situación estresante a la que haces frente?
- En una escala de 0 (ninguna confianza) a 10 (total confianza), califica tu nivel de confianza en tu capacidad de manejar la situación.
- Explica tu calificación. ¿Por qué crees que puedes o que no puedes manejar esta situación con éxito?
- ¿Has hecho frente a algún estrés, trauma o adversidad importante en tu vida? Si es así, ¿qué habilidades, esfuerzos o cualidades personales te ayudaron a superarlo?
- ¿Puedes aplicar alguna de estas cualidades, esfuerzos o habilidades a tu situación actual? ¿Cómo?
- ¿Conoces a alguien que haya pasado por una situación similar y la haya superado satisfactoriamente?
- ¿Has pasado por el mismo tipo de situación (como una ruptura similar o un trabajo exigente) en el pasado? Si es así, ¿cómo lo superaste?

- ¿Hay algo que hayas aprendido de tus experiencias anteriores de estrés que pueda ayudarte en esta situación? ¿Cómo han mejorado tus conocimientos y tus habilidades desde la última vez que experimentaste este tipo de suceso?
- ¿Qué otros recursos, apoyos o herramientas puedes utilizar para manejar la situación? Por ejemplo, ¿puedes tener ayuda de amigos o de la familia? ¿Puedes investigar por Internet? ¿Puedes confiar en tu coraje?

Ahora que has contestado estas preguntas, califica tu nivel actual de confianza en tu capacidad de manejar la situación. ¿Hay algún cambio desde la primera calificación? Explícalo.

Aunque la confianza es beneficiosa, pensar de manera irrealista que uno tiene el control en circunstancias de bajo control puede ser una espada de doble filo. Empecinarse demasiado cuando sería más productivo probar un rumbo diferente puede llevar a la frustración y al agotamiento. No todos los aspectos de una situación son controlables. Ahora bien, sentir que careces de todo control produce más hormonas del estrés y hace más probable que abandones. Así pues, es mejor hacer juicios realistas sobre lo que puedes controlar y lo que no. En la sección siguiente, aprenderás a ser estratégico en la manera de percibir el control.

DECIDIR QUÉ PARTES DE LO QUE TE ESTRESA PUEDES CONTROLAR

Ahora que sabes lo importante que es tener un sentimiento de control sobre lo que te estresa, ¿qué vas a hacer con eso? A veces es fácil. Si te estás entrenando para una maratón, puedes decidir qué carrera quieres hacer, organizar un programa de entrenamiento y llevarlo a cabo. Pero si estás haciendo frente a un divorcio complicado, un diagnóstico de cáncer, un período largo de desempleo, infertilidad o la pérdida de un ser querido, o si tienes un miembro de la familia alcohólico o drogodependiente, tienes menos control real sobre el resultado final. Si crees que controlas todo el proceso y en realidad no es así, puede que termines persiguiendo metas irreales o embarcándote en meras ilusiones, y como consecuencia de ello te frustrarás cuando las cosas no salgan como querías. Esto puede hacer que te desgastes o te culpes por factores que no dependían de ti.

¿Cómo puedes evitar el escollo de percibir un control irreal al mismo tiempo que beneficiarte de los aspectos positivos, reductores del estrés, que proceden de esa percepción? Una manera es sentir el control que tienes sobre el proceso o el resultado de tus esfuerzos. Por ejemplo, si estás organizando un evento caritativo, o académico, puedes recordarte a ti mismo que eres una persona organizada, que te has dado suficiente tiempo y que has obtenido bastante ayuda, de modo que sabes que el evento tendrá éxito, aunque surjan algunos problemas menores. Este sentimiento puede hacer que sigas adelante con las interminables llamadas telefónicas, los correos electrónicos y las negociaciones con los proveedores. Cuando me trasladé de San Diego a Marin County, en California, para abrir mi consultorio de psicología clínica, no conocía la zona ni a la gente. Sin embargo, tenía confianza en mi preparación, mis credenciales y mi capacidad para promover mi práctica clínica. Sabía también que levantar un negocio exige perseverancia. Tener expectativas realistas y confianza en mis capacidades redujo mi nivel de estrés. En la práctica siguiente, tendrás la oportunidad de definir qué partes de lo que te estresa son controlables y desarrollar un plan de acción.

PRÁCTICA: DECIDIR LO QUE PUEDES CONTROLAR Y LO QUE NO

Piensa en la situación estresante a la que te enfrentas. Analiza los diferentes aspectos de la situación y haz una lista de ellos en un diario o en una hoja de papel. Si están fundamentalmente bajo tu control, escríbelos bajo el título «Cosas que puedo controlar». Si no están fundamentalmente bajo tu control, escríbelos bajo el título «Cosas que no puedo controlar». Si no estás seguro, anótalos bajo el título «Cosas que no tengo la seguridad de controlar».

Por ejemplo, si estás enfrentándote al estrés en el trabajo debido a un jefe exigente, podrías crear la lista siguiente:

Cosas que puedo controlar

- Las horas que trabajo.
- La calidad de mi trabajo.
- Terminar el trabajo a tiempo.
- Delegar algunas tareas.
- Pedir ayuda si la necesito.
- Descansar bastante y hacer suficiente ejercicio para poder concentrarme.
- Prepararme para la presentación.

Cosas que no puedo controlar

- Las exigencias y prioridades de mi jefe.
- Las fechas límite para hacer el trabajo.
- El trabajo que se me asigna.
- El personal con el que cuento actualmente.
- Si el cliente está satisfecho.

Cosas que no tengo la seguridad de controlar

- Las habilidades de mi equipo. Si tengo suficiente tiempo, puedo trabajar para aumentarlas.
- Recursos extras. Puedo pedirle más recursos a mi jefe, pero no sé si los obtendré.

Una vez comprendes qué piezas puedes controlar y cuáles no, elabora un plan para abordar los aspectos controlables. Descompón las tareas que debes realizar y programa horas determinadas para trabajar en ellas. Haz un horario realista y responsabilízate. Anticipa los obstáculos y las distracciones, y haz un plan para tenerlos en cuenta. Si te hallas dando vueltas mentalmente a los aspectos incontrolables, vuelve a concentrarte deliberadamente en los controlables o levántate y haz otra cosa.

DEJA IR LO QUE NO PUEDAS CONTROLAR

Aunque puedas sentir que tienes el control del esfuerzo que realizas y de cómo desarrollas tus habilidades, no siempre puedes controlar el resultado final. No podemos controlar lo que otras personas sienten o hacen, el estado de la economía o la política, el tiempo, cómo es la competencia o si nuestras habilidades o nuestros productos están actualmente de moda. Por eso es importante establecer objetivos y valorar tu progreso desde el punto de vista de tu esfuerzo, más que por los resultados. No te centres en lograr un sobresaliente, sino en estar bien preparado e informado sobre el tema. No te centres en conseguir un trabajo, sino en que salgan tus solicitudes, en tu red de contactos, en mantenerte sano y positivo y en conseguir las habilidades y la información que necesites. No te centres en hallar la pareja perfecta, sino en dar tu mejor imagen, percibir lo mejor de ti mismo y salir al mundo en el que es probable que encuentres parejas potenciales.

Cuando los resultados son inciertos, la mayoría de nosotros gastamos mucha energía, dando vueltas mentalmente, preocupándonos y cuestionándonos. Esto no solo es una pérdida de tiempo, sino que además hace menos probable nuestro éxito. Darles tantas vueltas mentalmente a las cosas provoca que nuestro estado de ánimo caiga y hace menos probable que salgamos y hagamos algo respecto a lo que nos estresa. La práctica siguiente te ayudará a mantener a raya aquello que no puedes controlar y a limitar su intromisión en tu vida.

PRÁCTICA: PONER LO QUE NO PUEDES CONTROLAR EN UN RECIPIENTE

Una vez has definido las partes del problema que no puedes controlar, el paso siguiente es alejar tu atención deliberadamente de esos aspectos para poder centrarte en realizar el mejor trabajo que puedas con las piezas controlables de aquello que te estresa. Desde luego, no puedes controlar completamente tus preocupaciones, pero sí hacerle saber a tu amígdala que tienes a raya lo incontrolable. ¡De ese modo, es menos probable que tu cerebro te recuerde todo lo que podría salir mal!

Esta práctica está adaptada del manual de entrenamiento del doctor Philip Manfield, uno de mis mentores clínicos y experto en el tratamiento de desensibilización y reprocesamiento a través del movimiento ocular para los traumas. Utilízalo cuando te sientas apresado en la preocupación por los resultados que están fuera de tu control, para liberarte y dedicar tu tiempo y tu energía a aquello que sí puedes controlar.

Antes de empezar, si pudieras colocar tus preocupaciones y miedos acerca de las partes incontrolables de lo que te estresa en un recipiente de algún tipo, ¿qué tipo de recipiente elegirías? Algunos ejemplos son un gran tonel de roble, un baúl resistente, una caja de seguridad metálica y un jarrón grande.

1. Una vez hayas elegido el recipiente, dibújalo mentalmente. Sé muy preciso respecto a su tamaño, forma, color y textura. Quizás quieras imaginar que lo etiquetas con descripciones como «Miedos acerca de mi divorcio». También puedes imaginar que escribes o dibujas en él o que lo decoras de la manera que prefieras.
2. Imagina que pones en el recipiente todas tus preocupaciones acerca de los resultados incontrolables de tu estrés. Visualízate empaquetándolas o viéndolas como una corriente de humo, luz, arena o agua que fluye hacia dentro del recipiente. Dales la forma que te parezca adecuada.
3. Una vez estén todas tus preocupaciones dentro, imagina que lo sellas. Puedes utilizar una tapa, un cerrojo, cadenas, un envoltorio de plástico o todas esas cosas. Depende de ti. Cuando tu recipiente esté bien sellado, imagina que

lo almacenas en algún lugar. Puedes enterrarlo bajo tierra, ponerlo en una cueva, guardarlo en una buhardilla, cargarlo en un barco o enviarlo al espacio en un cohete. Cualquier lugar en el que quieras almacenarlo es correcto.

4. Cuando tu recipiente esté sellado y almacenado, imagina que te alejas de él y vuelves a tu vida diaria. Si quieres, puedes volver y abrirlo, pero de momento está lejos y a buen recaudo.
5. Pon tu intención en centrar tu esfuerzo y tu energía en las partes de lo que te estresa que puedas controlar.

Aunque no tengas dominio sobre el resultado de una situación estresante, puedes ejercer cierto control sobre su impacto. Si experimentas un dolor crónico, ansiedad crónica o una enfermedad que no puedes controlar, establece objetivos que se relacionen con mantenerte activo o seguir adelante a pesar del dolor, los síntomas o la ansiedad. Muchos pacientes cometen el error de intentar hallar una «cura» para un estado que es crónico y necesita manejarse correctamente. No siempre se puede controlar lo que se siente o se piensa, ¡pero se puede controlar lo que se hace! Céntrate en vivir una vida plena aunque no tengas pareja. O céntrate en ser el mejor compañero o el mejor padre que puedas, a pesar de tener un trabajo estresante o emplear la mayor parte del día compartiendo el coche para ir al trabajo y lavando ropa. Encuentra modos de divertirte con tu familia y tus amigos, aunque no tengas mucho dinero.

Una idea relacionada con la del control es la del sentido. Cuando sientes tu vida plena y con significado a pesar de tener estrés o de no ser capaz de hacer todo lo que quisieras, percibes un mayor sentimiento de control sobre tu vida y tus circunstancias. Piensa qué es realmente lo más importante y significativo de tu vida. ¿Son tus relaciones más íntimas, tus logros, destacar en el mundo, ayudar a otros, ser un buen padre, contribuir a tu comunidad, cuidar el entorno, vivir según ciertos valores, ser un innovador o llevar una vida sana? Cuando decidas qué es lo más importante y establezcas objetivos realistas en ese campo, tu cerebro registrará que tu vida está bajo control. El estrés es un hecho de la vida, pero no tiene que consumirte.

Finalmente, como los niños resilientes del estudio de Werner y Smith o como los ancianos de la residencia geriátrica que regaban sus propias plantas, puedes centrarte en desarrollar una habilidad o un interés que es ajeno al estrés y está bajo tu control. Eso puede crear un sentimiento de realización que contrarreste tu estrés.

PRÁCTICA: HALLAR EL CONTROL EN OTRAS ÁREAS DE TU VIDA

Esta práctica te ayudará a identificar un aspecto de tu vida ajeno al factor estresante, un área en la que puedas desarrollarte. Piensa en un deporte, una afición, una actividad o una relación que sea importante para ti, a ser posible algo en lo que puedas concentrarte durante veinte minutos o una hora o dos horas seguidas. Pesar por qué valoras esta actividad y en cómo desarrollarla te proporcionará un sentimiento de orgullo, control y realización. Podría ser un trabajo como voluntario, algo relacionado con el arte, escribir, elaborar pan o cocinar, tener un libro de recortes, correr, hacer senderismo, apuntarte a una clase de yoga, meditar, pasar un rato con un ser querido o cualquier otra cosa que personalmente sea importante para ti.

Ahora decide cuánto tiempo quieres dedicar a esta actividad, o piensa qué quieres conseguir la semana que viene, el mes próximo, etcétera. Por ejemplo, me pongo la meta de estar en forma subiendo las colinas de mi barrio durante treinta minutos al día, tres veces a la semana, a lo largo de un mes. Una vez lo he logrado, me pongo como meta para el mes siguiente hacerlo cuatro veces a la semana. Una de mis pacientes se puso como meta preparar una receta nueva cada sábado, mientras que otro se apuntó a una carrera popular de cinco kilómetros y empezó a entrenarse para ello. Un amigo mío se puso como objetivo arreglar cada semana un armario o un cajón de los que tenía desordenados. Escribe tu objetivo, y comprueba tu progreso al menos una vez a la semana. Elige algo que puedas hacer de manera realista. Si necesitas ajustar tu objetivo a medida que avanzas, está bien. Cada día, recuérdate que a pesar de tus circunstancias estresantes, estás realizando un claro progreso en un área de la vida que para ti es importante. Permítete sentirte orgulloso de lo que has conseguido.

PENSAMIENTOS FINALES

En este capítulo, has aprendido acerca de los beneficios del estrés controlable frente al estrés incontrolable. Cuando dominas o superas una situación estresante, ganas confianza en tu capacidad de tratar el estrés futuro y es menos probable que tu estrés te parezca abrumador. Si puedes experimentar un sentimiento de control en medio de la situación estresante, tu corteza prefrontal calmará a tu amígdala. Esto no significa que tengas que controlar todos los aspectos de la situación, ni siquiera el resultado final. Simplemente debes centrar tu atención en los aspectos controlables de lo que te estresa o hallar algún aspecto de tu vida que te proporcione un sentimiento de realización, a pesar de que el estrés siga. Verte a ti mismo como alguien que ha superado el estrés y la adversidad en el pasado o que cuenta con las habilidades necesarias para manejar la situación es otro modo de mantener los niveles de tu estrés bajo control.

CAPÍTULO

6

APRENDER LA COMPASIÓN HACIA TI MISMO

Cuando te estresas y tu amígdala manda a tu cerebro y a tu cuerpo al modo «luchar, huir o inmovilizarse», puedes tener la sensación de urgencia o un impulso de actuar. Puede que te presiones a ti mismo para trabajar más duramente, ir más deprisa y no frenar. Quizás estés siempre pensando «¡no estoy haciendo lo suficiente!» y criticándote por no haber tenido bastante autodisciplina y fuerza de voluntad. Aunque es importante intentar cumplir las fechas límite y resolver los problemas, este sentido de presión puede llevarte a ser demasiado duro contigo mismo. No aflojar ni darte nunca un descanso puede hacer que tu estrés agudo (como cuando haces frente a una entrega con fecha límite) se convierta en estrés crónico. Tu cerebro lleva el estrés contigo allí adonde vayas, lo cual significa que tu cuerpo experimenta constantes ráfagas de hormonas del estrés que pueden agotarlo.

Este capítulo te mostrará un modo diferente de motivarte frente al estrés. En lugar de culparte y denigrarte, puedes reaccionar con compasión hacia ti mismo. Siendo más paciente, amable y compasivo contigo mismo, puedes calmar tu amígdala y apaciguar tu sentimiento de pánico. Seguirás estando motivado para conseguir hacer cosas importantes, pero es probable que seas más feliz y menos ansioso al hacerlas.

SOMETIDOS AL ESTRÉS CRECE NUESTRA TENSIÓN

Cuando haces frente a un factor estresante con consecuencias importantes, tu amígdala mete la quinta marcha para asegurarse de que consigues superarlo. Aunque esto pueda parecer algo positivo, ser demasiado duro con nosotros mismos normalmente es contraproducente. Cuando nuestros antepasados estaban en la jungla, después de escapar de una amenaza volvían a casa a cocinar su comida, recolectar bayas, descansar o buscar pareja. Fisiológicamente, sus niveles de cortisol aumentaban cuando su estrés era agudo, pero luego descendían rápidamente de nuevo. Hoy en día, hacemos frente a una realidad diferente. La mayor parte del estrés al que nos enfrentamos se relaciona con situaciones complejas y crónicas que pueden seguir durante años o incluso décadas. Trabajar y preocuparte todo el tiempo te desgastará, si no te das espacios para reponerte. Criticarte constantemente por no hacer bastante no hará sino estresarte más. Aunque puedas ser más productivo, mermarás tu salud y tu autoestima.

La mayoría de los factores estresantes son más como maratones que como esprints. Si damos todo lo que tenemos en el primer kilómetro, ¿cómo nos las arreglaremos los otros cuarenta? En el mundo actual, tenemos que habérnoslas con nuevos factores estresantes que nos llegan, incluso cuando intentamos hallar nuestro camino a través de una situación crónica. Puede que acabes de tener un bebé cuando se produce una nueva situación urgente en el trabajo. O que te enzarces en una pelea con tu pareja cuando estás intentando pensar cómo pagar las facturas. O que descubras que un ser querido tiene cáncer cuando estás haciendo reformas en casa. De modo que no tiene sentido poner toda tu energía en la lucha contra un tipo de estrés; necesitas tener reservas a mano para la crisis que inevitablemente se hará sentir. Fisiológicamente, cuando los factores estresantes se superponen sin que haya tiempo para recuperarse, la respuesta del cortisol de tu cuerpo puede hacerte perder el equilibrio, haciéndote más vulnerable a los resfriados y la gripe, a la presión sanguínea elevada y a respuestas inflamatorias. Así que da un paso atrás, date un descanso y permítete hacer solo lo más importante y darte tiempo para descansar, en lugar de intentar hacer todo en todo momento.

LOS COSTES DE NO BAJAR EL RITMO

El modo «luchar, huir o inmovilizarse» es una de las razones principales por las que te tensas y te criticas cuando estás bajo una situación de estrés. Tu amígdala es como una alarma contra incendios que no cesa. Cuando comienza a sonar, la adrenalina y el cortisol resultantes provocan tal activación que es difícil centrarse y ser estratégico al pensar sobre el estrés. Puedes sentirte obligado a trabajar más duramente, a hacer más, a comer y dormir menos de lo que necesitas, a pasar menos tiempo con tu familia y tus amigos, a hacer menos ejercicio y a tener menos ratos de ocio. Pero la verdad es que nuestros cuerpos, incluidos nuestros cerebros, no fueron construidos para ser movidos como máquinas, y se termina pagando un alto precio en salud, felicidad y calidad de nuestras relaciones. En mi práctica clínica, veo muchas parejas intentando hacer malabarismos con niños pequeños y carreras profesionales muy exigentes, a menudo sin mucha ayuda, porque sus familias viven muy lejos. En su mayoría, vienen para terapia de pareja porque el estrés ha afectado mucho a su relación. La siguiente historia es un buen ejemplo de lo que sucede cuando somos demasiado duros con nosotros mismos al estar en situaciones de estrés:

> Greg y Stacey estaban rozando los cuarenta. Casados desde hacía cuatro años, tenían una hija de seis meses y un hijo de tres años y estaban muy ocupados

reformando su casa. Sus familias vivían lejos, de modo que tenían que pagar canguros o realizar intercambios con amigos si querían tener algunos momentos para estar sin los niños. El dinero era escaso, pues tenían una enorme hipoteca. Greg trabajaba para una compañía nueva de biotecnología que tenía menos personal del que necesitaba y la financiación se había agotado, de manera que hacía el trabajo de tres personas y bajo una intensa presión. Stacey tenía su propia empresa de consultoría y cuidaba de los niños.

Las discusiones entre la pareja y la falta de intimidad los llevaron a buscar terapia. En su primera sesión, ambos le dijeron al terapeuta que, para ellos, el estrés era una constante en su vida. A Stacey le habían prescrito un tranquilizante porque padecía ansiedad crónica. También utilizaba el comer compulsivo para sentirse bien. Greg tenía un trayecto de cincuenta minutos para llegar al trabajo –más si se había producido un accidente en la autovía–. Decía que le costaba mucho dormir y que no podía volver a dormirse cuando Stacey se levantaba por la noche para alimentar a su hija lactante.

A medida que la sesión avanzó, el terapeuta se dio cuenta de lo duros que Greg y Stacey eran consigo mismos. Ella se sentía siempre culpable porque creía que no pasaba suficiente tiempo con los niños, aunque en realidad pasaba con ellos casi cualquier momento en que estaba despierta y no estaba trabajando o tratando con contratistas. Constantemente hacía varias cosas al mismo tiempo, con un niño en una mano, el bebé en la otra y un móvil sostenido entre el cuello y el hombro. Greg se sentía culpable de que Stacey tuviera que soportar el peso del estresante hogar, porque él se iba a las seis de la mañana y no volvía hasta las ocho de la tarde. Aseguraba que le gustaría ir al gimnasio, pero no se sentía autorizado a hacerlo, porque reduciría el tiempo que podía pasar con su familia. Cada día, después de que Greg volviera a casa y tras una rápida cena de toda la familia, tanto Greg como Stacey regresaban a sus ordenadores, repartiéndose el cuidado de los niños. Sobre las diez de la noche, cuando finalmente los niños se habían dormido, la pareja hablaba sobre la logística de las tareas domésticas y sobre la reforma, pero la conversación degeneraba invariablemente en una discusión, que hacía que los dos se sintieran incomprendidos y poco apreciados. La intimidad física y emocional era casi inexistente, porque uno de ellos siempre terminaba quedándose dormido en el sofá. Stacey decía que se sentía fracasada por no ser un poco más delgada, sexi y divertida para su marido y por no preparar una cena sana todas las noches. Greg se martirizaba por no ganar más, lo cual hubiera permitido tener más canguros y pagar la hipoteca.

Greg y Stacey eran perfeccionistas. Se habían esforzado muchísimo para ir a universidades competitivas y tuvieron éxito como empresarios. Estaban acostumbrados a hacerlo todo de la manera adecuada: mantenerse sanos, ser organizados, estar al corriente de todo, ahorrar dinero y tener una relación ideal. Cuando llegaron los niños, se hizo imposible seguir haciéndolo todo perfectamente. Ahora bien, en lugar de ajustar sus expectativas y darse un descanso, siguieron esperando la perfección de sí mismos y del otro, lo cual multiplicaba su estrés y su sentimiento de culpa. El perfeccionismo y la culpa innecesaria constituyen una maldición disfrazada de bendición. Seguirán activando tu amígdala para darte el mensaje de que no estás haciendo lo bastante. Para tener un cerebro a prueba de estrés, necesitas soltar el perfeccionismo y la culpa. Utiliza la siguiente autoevaluación para hallar si la culpa y el perfeccionismo son problemas para ti.

PRÁCTICA: EVALUAR EL PERFECCIONISMO Y EL SENTIMIENTO DE CULPA

Utilizando la escala siguiente, califica hasta qué punto estás de acuerdo o en desacuerdo con cada afirmación: 1 = en completo desacuerdo; 2 = fundamentalmente en desacuerdo; 3 = un poco en desacuerdo; 4 = ni de acuerdo ni en desacuerdo; 5 = un poco de acuerdo; 6 = fundamentalmente de acuerdo y 7 = totalmente de acuerdo.

1. Por muy duro que trabaje, siempre pienso que podría hacer más.
2. No hay excusas para cometer errores.
3. Doy lo mejor de mí en todo lo que hago.
4. Si las cosas no se hacen perfectamente, tengo la impresión de que no se han hecho en absoluto.
5. Siempre compruebo y vuelvo a comprobar mi trabajo.
6. Si mi casa no está organizada y limpia, no puedo relajarme.
7. No me siento bien cuando me pongo a mí primero.
8. Estar cansado no es excusa para tomarse un descanso cuando hay trabajo por hacer.
9. Si no estoy trabajando o siendo productivo todo el tiempo, me siento perezoso.
10. Nunca creo estar haciendo bastante por las personas que tengo cerca de mí.
11. Necesito cuidar de otros antes de poder atender mis necesidades.
12. Si como fuera, me siento culpable porque podría ahorrar el dinero.
13. Aunque pase la mayor parte de mi tiempo con mis hijos o trabajando, siento que necesito hacer más.
14. Me siento culpable por quejarme de mi estrés, porque otros están peor.

Las afirmaciones 1-7 indican perfeccionismo, mientras que las afirmaciones 8-14 indican sentimiento de culpabilidad. Si estás fundamentalmente de acuerdo o totalmente de acuerdo con más de una o dos afirmaciones de un grupo, el perfeccionismo o la culpa pueden ser un problema para ti.

El perfeccionismo y la culpa añaden un nivel de estrés innecesario a una situación ya estresante. En lugar de calmar la amígdala, la irritan más. ¿Eres tu peor crítico? ¿Nada de lo que haces es bastante bueno según tus propios criterios? El perfeccionismo puede resultar de una actitud rígida en la que no se ajustan las expectativas según la situación. Piensa en Greg y Stacey, que querían ser los padres perfectos y la pareja perfecta, pero terminaron sintiéndose estresados y encontrándose mal consigo mismos. Los perfeccionistas tienen una autoestima *condicional*, lo que quiere decir que solo se gustan cuando lo hacen bien. Pero en condiciones estresantes, necesitamos ajustar nuestros criterios y expectativas. A veces, cuando nos encontramos ante una mezcla de retos, simplemente sobrevivir es hacerlo bien. Los perfeccionistas a menudo se sienten impostores o fraudulentos y viven con un miedo constante a ser considerados incompetentes. Quizás por eso sean tan autocríticos y exigentes. Las circunstancias estresantes pueden empeorar el perfeccionismo, al luchar por mantenernos a flote.

Aunque el perfeccionismo es un intento de manejar el estrés manteniendo el control, a menudo fracasa.

Puede llevar al cuestionamiento, al aplazamiento, a sentirse abrumado o a abandonar y no intentarlo más. Puede ser peligroso también para tu mente y tu cuerpo. Un artículo publicado en la *Review of General Psychology* (Flett, Hewitt y Heisel 2014) nos dice que los perfeccionistas presentan más probabilidades de tener que luchar con la depresión o la ansiedad y es más probable que opten por el suicidio. Es también más probable que se les diagnostique fatiga crónica o síndrome de dolor crónico.

Del mismo modo que el perfeccionismo es inútil bajo condiciones de estrés, también lo es el sentimiento de culpa. La culpa es una emoción que a menudo aprendemos en la infancia, cuando nuestros cuidadores dicen frases como: «Cómete toda la comida; hay personas que se mueren de hambre en África» o «¡He estado dejándome la piel para cuidarte y no haces más que quejarte!». De adultos, hemos interiorizado esos mensajes y sentimos como si nunca hiciéramos bastante. El estrés puede desencadenar sentimientos de culpa por no tener tiempo para hacerlo todo. Puede que tengamos que elegir entre alcanzar nuestros propios objetivos o hacer cosas para los demás. Se vuelve más difícil hacer ejercicio y vivir de manera saludable. Otros factores estresantes, como terminar una relación o tener que alejarnos de alguien que nos resulta tóxico, puede hacernos sentir culpables porque alguien pueda molestarse con nuestra decisión.

Nuestra cultura nos manda insistentes mensajes de no ser egoísta ni autoindulgente. Desafortunadamente, la gente se confunde e interpreta estos mensajes de modo «todo o nada». Si le mentiste a alguien a quien aprecias, o actúas de manera egoísta y dañina, sentir culpa puede moverte a detener la conducta perjudicial y enmendarte (Cryder, Springer y Morewedge 2012). Esto, con toda probabilidad, mejorará tus relaciones y tu autoestima. Otros muchos tipos de culpa es probable que sean contraproducentes y hagan que te sientas más estresado. ¡Cuando estás estresado, ciertamente no necesitas la carga adicional de una culpa innecesaria!

Para superar el perfeccionismo y los sentimientos de culpa, necesitas aprender nuevos modos de pensar y de actuar.

PRÁCTICAS: DIEZ MODOS DE SUPERAR EL PERFECCIONISMO Y LA CULPA

Las prácticas siguientes pueden ayudarte a comenzar a desarrollar nuevos hábitos y nuevos senderos cerebrales. Aprender nuevos modos de hacer las cosas a menudo supone un reto y requiere tiempo. Así que sé paciente contigo mismo y con el proceso. Cambiar realmente tu cerebro lleva meses, no días.

1. Si te sientes culpable porque no estás atendiendo lo suficientemente a tus hijos, tu pareja u

otro miembro de tu familia, haz una lista de todo lo que regularmente haces por ellos. Luego, confecciona otra lista, de todo lo que haces para cuidarte a ti mismo cuando estás estresado. ¿Qué lista es más larga? Si la lista de lo «hecho para otros» es tan larga o más que la de lo «hecho para mí mismo», toma esto como una prueba objetiva de que estás haciendo bastante por los demás y no hay razón para que te sientas culpable. Si la lista de lo «hecho para mí mismo» es más larga, piensa en si las actividades para cuidarte te ayudan a ser un mejor padre, compañero o miembro de la familia. Si lo hacen, sigue sin haber razón para sentirte culpable.

2. En lugar de sentirte culpable, encara directamente el problema. Pregunta a las personas que crees que estás descuidando si realmente se sienten descuidadas. Ten en cuenta si tienen tendencia a esperar demasiado y a no asumir suficiente responsabilidad para sí mismos. Luego, piensa en cómo vería la situación un observador externo. Si llegas a la conclusión de que realmente no estás haciendo bastante, siéntate con la otra persona e intentad encontrar algunas soluciones o adoptar algunos compromisos que equilibren las necesidades de todos.
3. Escribe un diario de «gratitud hacia ti mismo» al final de cada día; anota al menos tres cosas que has hecho ese día que favorezcan tus objetivos o ayuden a alguien a quien aprecias. Al final de la semana, lee lo que escribiste. El perfeccionismo

y la culpa tienen un sesgo negativo. Contribuyen a que prestes atención a lo que no estás haciendo bien. Escribiendo lo que realmente hiciste, puedes superar este sesgo y forzarte a centrarte en tus logros.

4. Para combatir la culpa, piensa en cómo te sentirías si la situación se invirtiera. Ponte en la piel de la otra persona. ¿Pensarías que ella no estaría haciendo bastante para ayudarte o comprender tus necesidades? A veces nos resulta fácil ser compasivos y comprensivos con los demás, pero somos demasiado duros con nosotros mismos. Adoptando deliberadamente la perspectiva de un «observador», es probable que veas tu situación bajo una nueva luz.
5. Si eres perfeccionista, empieza a ponerte límites. Concédete un cierto tiempo para trabajar en cada tarea (sea limpiar la casa, planear una fiesta, escribir un artículo o terminar un encargo laboral). No trabajes más de cuarenta y cinco minutos sin hacer un descanso para estirarte o sentarte. Programa una alarma que te avise diez minutos antes del final del marco temporal planeado. Oblígate a levantarte y pasar a la siguiente tarea, aunque no hayas terminado. Al final del día, puedes programar una hora para recuperar las tareas de alta prioridad que no hayas finalizado. Observa cómo trabajas de manera mucho más eficiente cuando no permites que te ocupe todo el día.

6. No revises o compruebes tu trabajo más de una vez. Deja de leer y releer ese correo electrónico, intentando encontrar la respuesta perfecta. ¡No merece la pena! Lo mismo sucede con la limpieza: después de pasar el trapo una o dos veces, has de seguir a la zona siguiente. Date cuenta de todo el tiempo que ahorras.
7. Muchos perfeccionistas sobrestiman las consecuencias negativas de cometer un error. Suponen que será un desastre o que perderán dinero, su trabajo o sus relaciones. El antídoto para esto es utilizar la estrategia de «exposición». Decide qué error vas a cometer para hacerlo deliberadamente y escribe lo que crees que sucederá como consecuencia. Luego, escribe lo que realmente sucede y compara esto con tu predicción. ¿Fueron las consecuencias tan extremas como habías predicho? Si no es así, ¿qué te enseña eso?
8. Si pospones algo porque crees que lo harás mejor, comiénzalo ya. Si quieres escribir un libro, ponte una pequeña meta, como escribir una página cada día. O escribe sin preocuparte de la ortografía ni de la gramática. Cuando logres tu objetivo, comprueba cómo te sientes y decide si quieres hacer algo más. Una vez tengas algo escrito o un primer borrador, es mucho más fácil seguir. O puedes hacer lo mismo que mi amiga cuando estaba escribiendo su tesis doctoral. ¡Se levantaba una hora antes de lo habitual, se preparaba una taza de café y escribía

mientras todavía iba en pijama antes de que se diera cuenta de que no le daba la impresión de estar haciéndolo!

9. Cuando evalúes tu propio trabajo, retrocede un paso e imagina a alguien a quien amas, como tu abuela, tu mejor amigo o tu maestro favorito. ¿Qué diría esa persona de tus esfuerzos? Luego, cambia los papeles e imagina qué pensarías y dirías si esa persona hubiera realizado ese trabajo. Al mirar tu propio trabajo a través de «ojos afectuosos», puedes aprender a moderar tus rígidos criterios y tu autocrítica.
10. Si te sientes autocrítico, fíjate en si estás pensando en la situación en «blanco y negro». Los perfeccionistas con frecuencia ven las cosas en términos de «todo o nada»: si no es lo mejor, tiene que ser lo peor. Intenta encontrar el gris. Considera otros modos de ver la situación. Ten en cuenta las situaciones limitantes y las barreras a las que te enfrentas; a la vista de estos retos, ¿hasta qué punto lo hiciste bien? Intenta juzgar tus esfuerzos poniéndolos en su contexto, en lugar de esperar siempre la perfección.

SER MÁS COMPASIVO CONTIGO MISMO

En la sección anterior, has aprendido cómo permitirte un descanso y combatir tus tendencias autocríticas excesivas. Ahora aprenderás a utilizar la actitud de compasión hacia ti mismo para calmar la respuesta automática de tu amígdala al estrés, en forma del famoso «luchar, huir o inmovilizarse».

La idea de compasión hacia uno mismo hunde sus raíces en las enseñanzas budistas (Brach 2003; Kornfield 1993; Salzberg 2002). Más recientemente, Kristin Neff, investigadora de la Universidad de Texas, ha sido pionera en el estudio sobre la compasión hacia uno mismo como herramienta para promover el bienestar y la reducción del estrés (Neff 2011). Ella distingue entre compasión hacia uno mismo y autoestima. A diferencia de esta última, la primera no nos exige que nos elevemos por encima de otras personas y compitamos con ellas. Mientras que la alta autoestima generalmente se basa en la evidencia de un logro superior, la compasión hacia uno mismo es una cualidad personal constante, en la que nos valoramos y nos tratamos a nosotros mismos de manera amable simplemente por ser humanos. Esta actitud de cuidado hacia nosotros mismos nos ayuda a reconocer nuestra similitud con otros seres humanos y nuestra conexión con ellos. Todos tenemos aspiraciones y fuentes de sufrimiento comunes.

La compasión hacia uno mismo es como un mindfulness plus. Estar atento significa darse cuenta serenamente de lo que estás pensando, sintiendo y haciendo justo ahora, en lugar de funcionar con el piloto automático. Implica preguntarse: «¿Es esto lo que quiero estar pensando y haciendo, o necesito retroceder un paso?». Según el psicólogo Christopher Germer (2009), la compasión hacia uno mismo profundiza en esto preguntando: «¿Qué es lo que necesito?». Necesidades desatendidas de descanso, diversión, paz, compañía, reconocimiento, comodidad, significado, dinero, comida o sexo crean sufrimiento emocional que interfiere en tu capacidad de dirigirte a tus objetivos. La compasión hacia nosotros mismos reconoce estas necesidades y nos anima a atenderlas de manera activa para que sea menos probable que interfieran en nuestros esfuerzos por manejar el estrés.

Además de mindfulness, hay otros dos aspectos de la compasión: la amabilidad con uno mismo y la identificación con los demás. La primera quiere decir ser más amable y más comprensivo con uno mismo, canalizar hacia ti mismo la misma compasión que tendrías con cualquier ser que estuviera estresado o que sufriera. Puede que te parezca fácil ser comprensivo y que perdones a otros, pero que te machaques a ti mismo por sentirte estresado, por no conseguir tus objetivos o por decisiones pasadas que te llevaron a esta situación estresante. Tal vez te martirices incluso por acontecimientos debidos al azar o por el mal comportamiento de otras personas. La amabilidad contigo mismo te hace dar un paso atrás y ver tu situación estresante y los esfuerzos de superarlo bajo una luz más compasiva. Todo el mundo se complica a veces. No tienes que ser perfecto; tienes que ser humano. Esta actitud puede ayudarte a aliviar tus sentimientos de estrés, tu ansiedad y tu autocrítica.

La razón que la gente da más frecuentemente para no ser más compasivos consigo mismos es que no quieren ser autoindulgentes ni cobardes. Pero esto es una suposición errónea. La compasión hacia ti mismo no te hace más mimado ni débil, sino que se trata de una estrategia de superación aprendida que puede disminuir la ansiedad y aumentar la resiliencia, así como facilitar que te recuperes del estrés. No exige que seas una especie de Pollyanna,* absurdamente optimista, ni niega o suprime los aspectos negativos de tu experiencia. De hecho, parte de la definición que la doctora Neff ofrece de la compasión hacia uno mismo es atención plena. El mindfulness, en tanto que atención plena, te ayuda a pararte y darte cuenta de tus sensaciones de estrés y tus pensamientos autocríticos, mientras que la compasión te enseña cómo producir sentimientos de calidez y cuidado hacia ti mismo y, por extensión, hacia otros que estén estresados o que sufren.

Un metaanálisis reciente (MacBeth y Gumley 2012) combinó estadísticamente los resultados de veinte estudios que exploraban las relaciones entre compasión hacia uno mismo y psicopatología. Los resultados indicaron que la compasión hacia uno mismo se hallaba

* Pollyanna es un personaje de literatura juvenil muy popular en el ámbito anglosajón. La novela de Eleanor H. Porter, publicada en 1913, fue un éxito comercial de tal envergadura que el nombre de su protagonista, una huérfana que ve el lado bueno de cualquier situación y alegra la vida de todos los que la rodean, derivó en un nuevo adjetivo -registrado, incluso, en los diccionarios de lengua inglesa- que se emplea habitualmente para describir a una persona excesivamente optimista y cándida.

fuertemente asociada, de manera significativa, con menos depresión, ansiedad y estrés. Sentirla disminuye el estrés y la ansiedad en situaciones evaluadoras, como cuando se te pregunta por tus debilidades en una entrevista de trabajo (Neff, Kirkpatrick y Rude 2007). Se halla asociada también con niveles más elevados y coherentes de bienestar que la autoestima (Neff y Vonk 2009). Nuestra autoestima con frecuencia varía dependiendo de la situación: nos sentimos bien cuando las cosas nos salen bien, pero no sucede así cuando fracasamos o cometemos errores: somos tan buenos solo como nuestros últimos logros. Con compasión, nuestra autoevaluación no depende de estar probando constantemente nuestros logros, de modo que podemos sentirnos más relajados y mejor acerca de nuestras vidas, incluso si el estrés continúa estando presente. La compasión hacia uno mismo se asocia también con más curiosidad y exploración. Cuando no nos torturamos por los fracasos, somos más libres para probar nuevas experiencias y cometer errores como parte de nuestro aprendizaje y nuestro desarrollo. Las personas que la practican están también más dispuestas a aceptar responsabilidades cuando las cosas no van como las habían planeado. Cuando no ves los errores como prueba de tu deficiencia, esto te libera para admitirlos, disculparte, aceptar comentarios y hacer correcciones, en lugar de aislarte avergonzado. ¡La compasión hacia ti mismo es una herramienta poderosa que te ayuda a aprender del estrés!

Puede ayudar a superar el comer compulsivo, una respuesta muy frecuente al estrés. En un estudio centrado en personas que comían compulsivamente y se sentían culpables (Adams y Leary 2007), se les dio *donuts* a los participantes, pero la mitad de ellos, seleccionados aleatoriamente, escucharon un comentario compasivo por parte del experimentador, como: «No os machaquéis por coméroslos; la gente se los come constantemente». La otra mitad recibió los *donuts* sin el comentario. Más tarde, ese mismo día, cuando se les dio la oportunidad de comer dulces, quienes habían escuchado el comentario compasivo comieron menos. Irónicamente, la autocrítica severa parece crear una rebeldía interna que nos hace querer mandar a paseo nuestros objetivos saludables. La compasión reconoce la realidad de que se trata de un momento insano, no de una vida insana, y se puede elegir cómo va a ser el momento siguiente. Y te motiva para tomar una decisión compasiva, sana.

La investigación muestra que la compasión hacia nosotros mismos puede ayudarnos en la adaptación a los principales acontecimientos de la vida, en las decepciones y en los factores estresantes crónicos. Un estudio (Sbarra, Smith y Mehl 2012) halló que es fundamental para la adaptación a una nueva vida tras el divorcio. Otro estudio la relacionó con una mayor resiliencia y con la reducción del mecanismo de evitación al hacer frente al fracaso académico (Neff, Hsieh y Dejitterat 2005). En un tercer estudio, las personas que estaban luchando con un dolor crónico y mostraban una alta compasión hacia sí mismos era menos probable que vieran la situación como una catástrofe y el dolor los incapacitaba menos que a quienes eran menos compasivos (Wren *et al.* 2012).

Cuando nos enfrentamos a situaciones altamente estresantes o a pérdidas importantes, nuestra tendencia natural podría ser preguntarnos qué hemos hecho mal. En lugar de eso, decirnos «he hecho lo mejor que podía hacer dado lo que sabía en ese momento», puede ayudar a que nos sintamos mejor y a darnos más coraje para hacer frente a los factores estresantes y para persistir cuando las cosas se ponen difíciles.

En un nivel fisiológico, la compasión hacia uno mismo es como un bálsamo para tu amígdala. Envía el mensaje a tu cerebro de que no estás bajo una amenaza inminente y no tienes que utilizar una respuesta de emergencia. Más bien, puedes pararte, relajarte y darle a tu corteza prefrontal tiempo para responder. A partir de ahí, tu amígdala manda la señal de terminar la respuesta del estrés y cierra el flujo de un exceso de cortisol. Incluso si una situación es estresante, no tienes que hacerla más estresante haciendo depender tu autoestima de un cumplimiento perfecto de lo que hagas. En lugar de eso, puedes aprender a sentirte bien contigo mismo simplemente por intentar hacerlo lo mejor que puedas. Cuando las circunstancias son extremadamente difíciles, necesitas reconocer tu mérito simplemente por sobrevivir. Esta máxima se aplica al desempleo, al estrés provocado por una mala situación económica, al divorcio, al hecho de mantener una empresa en tiempos estresantes, a las difíciles intrigas de oficina, a cuando te enteras de que un ser querido tiene una enfermedad grave y a muchas otras situaciones estresantes.

Practicarla durante meses o años puede desarrollar nuevos senderos en tu cerebro. En lugar de agravar tu estrés preocupándote, culpándote o criticándote, puedes serenar tu amígdala tratándote con amabilidad y comprensión. Piensa en ello de este modo: cuando un niño comienza a llorar, ¿qué podría hacer un buen padre? Podría tomar en brazos al niño, hablarle tranquilamente y guiarlo suavemente para resolver el problema. Con compasión, te conviertes en un buen padre para ti mismo. Cuando estás hecho un lío o tienes un mal día, con delicadeza te haces volver a la normalidad. Este enfoque es útil para superar las adicciones y aferrarte a planes de vida saludable así como de afrontamiento del estrés.

Un modo de aumentar tu compasión es mediante la meditación. La meditación de la bondad amorosa, o *metta*, es una enseñanza budista para desarrollar las cualidades del amor altruista. La palabra *metta* es un término (budista) del pali antiguo, que significa 'bondad amorosa, amabilidad, benevolencia y no violencia'. Expresa un fuerte deseo de bienestar y felicidad para los demás. La maestra de meditación Sharon Salzberg interpreta las enseñanzas de Buda como que necesitamos aprender a amarnos a nosotros mismos para amar a los demás. Parafrasea las enseñanzas de Buda diciendo: «Tú mismo, tanto como cualquier otra persona en el universo, mereces tu amor y tu afecto» (Salzberg 2002, 31). Por tanto, *metta* posee componentes que dirigen el amor y la amabilidad también hacia el yo. En la siguiente versión de *metta*, que he construido basándome en Salzberg (2002) y las de otros, te deseas a ti mismo y deseas a los demás la liberación del estrés. Otras versiones de *metta* implican dirigir pensamientos amorosos y buenos deseos hacia diferentes tipos de personas.

PRÁCTICA: MEDITACIÓN DE LA BONDAD AMOROSA

Siéntate en silencio con las piernas cruzadas y mantén una postura erguida y relajada. Comienza a ser consciente de tu respiración y deja que tu mente y tu cuerpo se asienten. Haz unas cuantas respiraciones lentas, observando tus inspiraciones y tus espiraciones. Ahora piensa en el estrés al que estás haciendo frente. Intenta crear una imagen de tu yo estresado. ¿Qué sientes en tu cuerpo? ¿Qué pensamientos llenan tu mente? ¿Cuál es la expresión de tu rostro? Imagínate dando vueltas o muy preocupado. Al contemplar esta imagen, hazte consciente del sufrimiento que el estrés te está provocando y de tu profundo deseo de estar tranquilo y en paz. Ahora piensa en alguien, pasado o presente, real o imaginario, que te ame y se preocupe profundamente por ti. Imagina a esta persona mirándote con un cariño y una compasión profundos. E imagina que te dice lo siguiente:

«Querido/a (añade tu nombre aquí):
Veo lo estresado y cansado que estás. Cuánto sufres con tus sensaciones de estrés. Lo ansioso y abrumado que te sientes. Y te mando estos deseos:

> Que la salud te acompañe.
> Que estés tranquilo y seguro.
> Que estés en paz contigo y con los demás.
> Que vivas con serenidad y felicidad.

Después de que te diga esto unas cuantas veces, despídete de ese ser querido.
Ahora imagínate que estás diciéndote estas mismas palabras. Dilas unas cuantas veces y observa cómo te sientes oyendo estos buenos deseos expresados hacia ti. Si percibes cualquier incomodidad o timidez, deja que esos sentimientos estén ahí. Observa cualquier resistencia que tengas a desear estar bien. A medida que practiques *metta*, la resistencia disminuirá. No es importante que creas en esas palabras ya. Lo importante es que las digas.
Una vez te encuentres más cómodo expresándote *metta* a ti mismo, puedes ampliarlo hasta incluir a:

- Los miembros de tu familia que se ven directamente afectados por tu estrés.
- Tus amigos y colegas que hacen frente al estrés contigo.
- La gente difícil que hay en tu vida que te produce estrés.
- Todos los seres vivos que se las ven con el estrés y el sufrimiento.

Recuerda visualizar una imagen de cada persona o grupo antes de decir las frases. Observa a estas personas en su estado de estrés y envíales bondad amorosa. Puede que tengas dificultad en desear *metta* a aquellas que parecen ser la fuente de tu estrés. ¡Pero si no sufrieran tanto y estuvieran más tranquilas, te provocarían menos estrés! Y si crecieran a partir de la experiencia, podrían actuar de una manera más madura y estar menos estresados al tratar contigo. Si todavía no puedes desearles el bien por compasión o tolerancia hacia ellas, basta con enviarles *metta* por estas razones «egoístas».

Metta es una práctica que se va volviendo más potente cada vez. Intenta realizarla regularmente cada día a la misma hora, como cuando te levantas o antes de irte a dormir. Observa cualquier cambio respecto a tu estrés y si percibes una mayor tranquilidad interior.

La práctica siguiente, diseñada por mí, combina aspectos de las técnicas de uso de imágenes en la terapia de esquemas (Young, Klosko y Weishaar 2003) y prácticas de compasión (Gilbert 2010) para ayudarte a convertirte en un afectuoso defensor de ti mismo. En ella, le pedirás a tu crítico interior que se ponga a un lado y deje sitio a una presencia más compasiva.

PRÁCTICA: PEDIRLE AL CRÍTICO QUE SE PONGA A UN LADO

Puedes hacer esta práctica imaginando deliberadamente a tu crítico interior y pensando lo que te diría o cuando te encuentres siendo autocrítico. La mayoría de la gente cierra los ojos mientras la realiza, para estar más presente a las imágenes.

Escucha durante un momento a tu crítico interior. ¿Qué juicios y críticas oyes? Quizás que eres un perdedor o un incompetente, que has hecho de tu vida un caos o que vas a fracasar. Limítate a escuchar las palabras y observa cómo hacen que te sientas. ¿Cómo se siente uno cuando oye estas palabras desagradables estando estresado e intentando hacer las cosas lo mejor que puede? Observa cómo te sientes en tu cuerpo.

Ahora ponle un rostro a esta voz crítica. Quizás sea el rostro de uno de tus padres, maestros, consejeros o pareja sentimental que solía hablarte de este modo. O podría ser el rostro de un ser imaginario, como una bruja o un animal, por ejemplo un lobo o un caimán. Sea lo que sea, está bien. Imagina a este crítico ante ti, reprendiéndote.

Ahora crea la imagen de una persona sabia o un ser que se preocupa profundamente por ti. Puede ser alguien de tu pasado o de tu presente, una figura espiritual (como Jesús o Buda) o una criatura imaginaria. Puede ser alguien a quien conoces bien o alguien a quien no conoces bien, pero sabes que es una buena persona. Puede ser incluso el personaje de un libro, de una película o de la televisión, como Superman u Oprah Winfrey. Imagina que este ser, al verte escuchando a tu crítico interior, está lleno de amor y compasión hacia ti. Imagina a este ser compasivo situándose entre tú y el crítico y levantando una mano, diciéndole al crítico, de manera amable, pero firmemente, que pare. Imagínalo diciéndole que su manera de actuar te está dañando o provocando estrés, y que ha de expresar lo que necesite expresar con amabilidad. Imagina al crítico admitiendo que lo que realmente siente es miedo, o simplemente calmándose, y luego echándose a un lado, dejándote con tu ser compasivo.
Ahora imagina al ser compasivo confortándote con gestos físicos y palabras amables, que te animan. Imagínalo abrazándote, tomando tu mano o chocando vuestras manos. Imagina qué palabras de ánimo podría decirte. Quizás algo como: «Pasarás por esto y todo saldrá bien. Sigue intentándolo». Observa lo que sientes en tu mente y en tu cuerpo al percibir la compasión y las palabras de ánimo. Puede que tus ojos se humedezcan con lágrimas o puedes sentir que te ablandas. Quizás nadie ha estado ante ti así antes, animándote de este modo.

Ahora siempre tendrás a este ser compasivo interior para protegerte y apoyarte. Imagina que el ser compasivo se convierte en parte de ti. Y cuando estés listo, abre los ojos y vuelve a tomar conciencia de la habitación.

PENSAMIENTOS FINALES

En este capítulo, has aprendido cómo el perfeccionismo y la culpa pueden aumentar tu estrés y cómo superarlos. Has descubierto que la compasión hacia uno mismo es una estrategia para superar el estrés y una actitud hacia la vida. Tenerla significa ser amable contigo mismo y darte cuenta de que eres humano, de manera que no tienes que ser perfecto. Implica establecer contacto con las necesidades insatisfechas que subyacen a tu conducta estresada. Puedes aumentar tu compasión hablándote amablemente a ti mismo y dándote un descanso, o mediante la meditación y la visualización de la bondad amorosa.

PONER TU CORTEZA PREFRONTAL EN PRIMERA FILA

CAPÍTULO

7

VOLVERTE COGNITIVAMENTE FLEXIBLE

En la segunda parte de este libro, has descubierto estrategias para calmar la respuesta rápida de tu amígdala a un factor estresante, esa respuesta que consiste en «luchar, huir o inmovilizarse». En el resto del libro, aprenderás estrategias para la reducción del estrés basadas en las capacidades del pensamiento lógico de tu corteza prefrontal. Esta integra la información de las experiencias pasadas para modificar la percepción que la amígdala tiene de la amenaza. También ayuda a inhibir las respuestas destructivas, como las tendencias adictivas o agresivas. Tu corteza prefrontal te ayuda a beneficiarte de aprendizajes del pasado, para que, con el tiempo, puedas manejar mejor los factores estresantes.

Este sistema funciona bien si tus experiencias pasadas y tu entorno te proporcionaron suficiente guía y apoyo para enseñarte cómo hacer frente de manera eficaz a los factores estresantes. Ahora bien, quizás tus padres te sirvieran de modelo o te enseñaran respuestas poco útiles al estrés, como preocuparte constantemente, trabajar en exceso, beber demasiado alcohol, hacer como si el factor estresante no existiera o ser hostil y desconfiado. Quizás no te proporcionaron suficiente guía y apoyo emocional porque estaban siempre trabajando, deprimidos o enfermos o porque no comprendían las responsabilidades de un buen padre. O quizás fueron sobreprotectores y no te dejaban tomar decisiones ni intentar resolver los problemas por ti mismo. En estos casos, tus experiencias puede que te hayan llevado a suposiciones erróneas o poco realistas acerca de cómo funciona el mundo o a aferrarte rígidamente a un modo de reaccionar, sin darte cuenta de que necesitas toda una caja de herramientas con estrategias de superación para diferentes situaciones.

RESPUESTAS CEREBRALES AL ESTRÉS: INTEGRADAS Y NO INTEGRADAS

Daniel Siegel, psiquiatra y pionero de la neurobiología interpersonal (la ciencia de cómo nuestros cerebros y nuestras mentes se relacionan con nosotros y con otras personas), afirma que los senderos entre nuestras neuronas cerebrales se forman como consecuencia del modo en que nuestros cuidadores se relacionan con nosotros (Siegel 2010). Los niños que son cuidados y comprendidos por aquellos que se encargan de criarlos desarrollan la capacidad de comprender sus propios sentimientos y de comunicarlos. Implícitamente aprenden también que sus sentimientos son válidos, y de ese modo desarrollan una gran confianza en sí mismos y en su propio juicio, en lugar de tener que cuestionarse a sí mismos todo el tiempo. Cuando reciben empatía y guía de sus cuidadores son más capaces de suavizar sus propias emociones y ponerse límites, en lugar de sentir que el mundo se acaba si no consiguen lo que desean (sea un dulce o una promoción).

En términos cerebrales, los adultos que de niños experimentaron un apego seguro con un cuidador tienen más desarrollada la corteza prefrontal y redes cerebrales más integradas. En otras palabras, el apego seguro facilita una red cerebral en la que hay senderos más claros que unen la corteza prefrontal con la amígdala, el hipocampo y otras estructuras, de manera que la información fluye libremente entre esas áreas. Por el contrario, los niños que no experimentaron el apego seguro tienen cerebros menos integrados. A menos que esta deficiencia haya sido reparada a través de relaciones posteriores, es menos probable que logren respuestas al estrés eficaces y creativas, respuestas que tengan en cuenta sus pensamientos, sus sentimientos, su historia personal, las reacciones de las demás personas, los recursos que tienen a su disposición y las exigencias de la situación a medida que se desarrolla.

Si no tuviste buenas experiencias de apego infantil, todavía puedes desarrollar un cerebro más integrado como adulto, si tienes amigos cercanos, pareja o incluso terapeutas y consejeros que te proporcionen apoyo emocional, te ayuden a entenderte mejor e ilustren modos sanos de reaccionar al estrés. También puedes empezar a desarrollar un cerebro a prueba de estrés, incluso ya de adulto, si sigues practicando las estrategias de este libro. El mindfulness ha demostrado por sí solo que afecta beneficiosamente al funcionamiento de ocho áreas cerebrales diferentes implicadas en el autocontrol, la autoconciencia y la regulación de la emoción. Todas ellas son habilidades que pueden ayudarte a enfrentarte de manera más eficaz al estrés. ¡Puede costar unos cuantos meses que tu cerebro comience a cambiar, así que no desesperes!

Cuando tu cerebro ha integrado las redes neuronales como resultado de un apego seguro o de un aprendizaje adulto, la información puede fluir rápidamente entre la amígdala, el hipocampo y la corteza prefrontal, y entre los dos hemisferios cerebrales. Como te dije en el capítulo 1, tu cerebro tiene dos hemisferios, uno en cada lado. El derecho procesa la información de un modo global, holístico, y es más espacial, emocional y creativo. El izquierdo, por otra parte, tiende a ser lógico, lineal, factual y verbal. En general, la emoción positiva se representa más en el hemisferio izquierdo y la emoción negativa en el derecho. Aunque esto está excesivamente simplificado, es útil para nuestros objetivos.

Aquellos de nosotros con cerebros menos conectados tenemos una respuesta al estrés menos integrada y coordinada. Solo podemos centrarnos en el pensamiento lógico del hemisferio izquierdo, mientras ignoramos nuestra respuesta emocional al factor estresante. Cuando nos sentimos estresados, podemos intentar solucionar el problema de inmediato, sin darnos la oportunidad de comprender lo que sentimos y lo que necesitamos. Es posible que, en algún momento, nuestras respuestas para afrontar el problema puedan fracasar, o podemos experimentar un resultado insatisfactorio a causa de las necesidades emocionales insatisfechas que no hemos reconocido. Otro tipo de rigidez cognitiva es demasiada persistencia –podemos persistir mirando la situación estresante del mismo modo y utilizando las mismas estrategias de siempre, independientemente de si están realmente funcionando en esta situación. Por ejemplo, podemos realizar un enorme esfuerzo, sin éxito, por solucionar las cosas cuando el estrés es provocado por los asuntos de otros.

> Betty estaba haciendo frente a un estrés crónico en su matrimonio. Su marido parecía estar siempre insatisfecho y ser crítico con ella, y esto afectaba a su autoestima. Él criticaba su peso, su aspecto, su competencia,

y su personalidad. Betty había crecido con un padre crítico, de modo que respondió al estrés matrimonial haciendo lo que siempre había hecho –intentar más intensamente agradar, hacer dieta de manera obsesiva (aunque en realidad no tenía exceso de peso) o pasar todo el día limpiando, cocinando y organizando la casa, sin divertirse nunca–. Empezó a sentirse deprimida cuando vio que la conducta de su marido no cambiaba a pesar de sus esfuerzos.

Después de asistir a terapia, finalmente Betty se dio cuenta de que el problema era su marido. Tenía expectativas poco realistas y era crítico e intolerante. La mejor respuesta a la situación era no intentarlo tan encarnizadamente, sino pedirle a su marido que cambiase su conducta o dejase la relación. Porque, de niña, Betty había aprendido a apaciguar a su violento padre para evitar su ira, al principio era capaz de ver el problema con su marido solo a través de las lentes de su propia «maldad», y la única respuesta que conocía era seguir intentándolo cada vez más, incluso aunque resultara obvio que sus esfuerzos no funcionaban. La terapia le enseñó a ser más flexible cognitivamente y a enfocar el problema de un modo diferente, lo cual la condujo a una estrategia más funcional: decidió romper el matrimonio.

Otro tipo de respuesta cerebral al estrés, no integrada, es el caos emocional. Esto se produce cuando tu cerebro reacciona solo desde el hemisferio derecho, con estrés emocional y sentimientos de pánico. Dado que las capacidades de tu hemisferio izquierdo lógico están desconectadas, puedes sentirte abrumado e impotente, incapaz de centrarte y pensar claramente o dar pasos para abordar el problema. En otro nivel, tu corteza prefrontal puede no estar comunicándose de manera efectiva con tu amígdala, lo que te incapacita para apagar el modo «luchar, huir o inmovilizarse». Y, por tanto, sigues reaccionando con respuestas apropiadas para una emergencia. También, dado que tu hemisferio derecho se relaciona con las emociones negativas, puedes ver la situación bajo una luz exageradamente pesimista, y esto hará que te sientas deprimido e impotente. Este tipo de reacción caótica es más frecuente en las personas que han experimentado violencia o poca atención en su infancia. Las reacciones caóticas parecen abrumadoras, porque literalmente no puedes usar tu corteza prefrontal para pensar claramente ni ver la situación de manera realista. Si tienes este tipo de respuesta, es más probable que sientas pánico o acudas a mecanismos de evitación y a conductas adictivas para calmar los sentimientos abrumadores.

> Peggy era una auxiliar administrativa que trabajaba en una empresa de servicios financieros. La carga de trabajo era muy alta, y sus jefes eran exigentes y críticos. Peggy rondaba los cuarenta años de edad y vivía sola, sin

familiares cerca. Se hallaba bajo una situación de estrés por motivos económicos constante por el aumento de los alquileres, su coche era muy antiguo y no tenía familia que la respaldase en momentos de crisis. Odiaba su trabajo y sabía que debería intentar encontrar otro, pero no podía motivarse para actualizar su currículum y escribir cartas de presentación. Se sentía sola, pero no intentaba hacer amigos o encontrar pareja, porque se sentía indeseable y con sobrepeso. Tenía el trabajo atrasado, pero cuando llegaba a casa por la tarde se sentía demasiado agobiada para hacer algo. Encendía la televisión, abría una botella de vino y una caja de galletas y se quedaba en el sofá el resto de la tarde.

Finalmente, acudió a psicoterapia. Aprendió a utilizar mindfulness para calmar su temor lo suficiente como para poder concentrarse. Como consecuencia de su menor preocupación, logró tener más energía y fuerza de voluntad al final del día. A través de la terapia, aprendió que no era tan incapaz y, de hecho, había sobrevivido a una infancia muy violenta sin haber recibido ayuda de nadie. Aprendió cómo hacer frente a sus pensamientos negativos y comenzó a dar pasos para solucionar sus problemas. Finalmente, encontró un trabajo más satisfactorio, perdió diez kilos de peso y empezó una relación.

Tanto Betty como Peggy tenían, al principio, respuestas cerebrales al estrés no integradas. Las de Betty eran rígidas, mientras que las de Peggy eran caóticas y evitativas. A través de la terapia, ambas aprendieron a ver sus situaciones estresantes bajo una luz diferente, que abría la puerta a opciones de superación más efectivas. Descubrieron cómo inhibir sus respuestas habituales ineficaces e intentar nuevos modos de superación. En términos cerebrales, podría decirse que aprendieron esa habilidad que es la flexibilidad cognitiva.

La flexibilidad cognitiva implica la capacidad de tener en cuenta información conflictiva (por ejemplo, el trabajo de Peggy proporcionaba cierta seguridad económica, pero también suponía un estrés insano) y ajustar tus respuestas basándote en los cambios que se producen en la situación a medida que se desarrolla. Por ejemplo, si el marido de Betty hubiera respondido a sus expresiones de insatisfacción de una manera positiva, afectuosa, y hubiera intentado ser menos crítico, podría haber tenido sentido cambiar el plan de Betty de romper el matrimonio.

ESTRÉS Y FLEXIBILIDAD COGNITIVA

La flexibilidad cognitiva es una habilidad fundamental a la hora de manejar con éxito el estrés. Piensa en ella como si fuese trabajar con arcilla mental; puedes moldear tu cerebro de diferentes maneras hasta que halles un modo de pensar y de afrontar el problema que encaje con la situación. La rigidez cognitiva, en comparación, es como trabajar con cemento, mientras que el caos cognitivo es como trabajar con arena.

El estrés puede disminuir automáticamente tu flexibilidad cognitiva y estrechar tu perspectiva. Hace que te aferres a viejos hábitos y sea menos probable que explores nuevas opciones. ¡Esto puede suceder incluso en los niños! En un estudio (Seehagen *et al.* 2015), veintiséis niños de quince meses participaron en una tarea de aprendizaje. Aquellos que ya habían sido expuestos a situaciones estresantes en el laboratorio, como que un extraño se sentase cerca de ellos o que sus padres se fueran de la habitación durante unos minutos, mostraron un aumento de cortisol durante la tarea. Los del grupo de control, que no habían sido expuestos al estrés, no mostraron aumento alguno de cortisol. Luego, a ambos grupos se les dieron lámparas que al presionarlas producían o una luz roja o una luz azul. A los niños se les permitía presionar solo una de las lámparas, pero tan a menudo como quisieran. En la parte siguiente del experimento, podían elegir con qué lámpara jugar, pero ahora ninguna se encendía. Aunque las lámparas no funcionasen ya, los niños en estado de estrés seguían presionando la que se les había dado originalmente. Los del grupo de control presionaron la otra lámpara con una frecuencia muy significativa, mostrando una conducta más flexible.

Si el estrés produce que niños tan pequeños como los de quince meses se aferren a los viejos hábitos, no es de extrañar que quienes han experimentado infancias estresantes sea más probable que sigan haciendo lo mismo cuando se sienten estresados. El estrés y la ansiedad estrechan nuestra atención, haciendo que los retos parezcan más grandes de lo que realmente son. Esta «visión de túnel» hace probable que reaccionemos utilizando estrategias habituales que puede que no sean apropiadas para la situación. La práctica siguiente te enseñará a ser más flexible cognitivamente y a adoptar diferentes perspectivas en una situación estresante.

PRÁCTICA: CULTIVAR LA FLEXIBILIDAD COGNITIVA

Piensa en una situación estresante a la que te estés enfrentando actualmente. En un diario o en una hoja de papel, escribe una breve descripción (dos o tres líneas) de tu situación. Ahora piensa en cómo ves esta situación. ¿La ves como una amenaza, una pérdida, o todo ello? Si la ves como una amenaza o una pérdida, ¿hay algún modo de verla como un reto? ¿Qué tienes que perder o qué tienes que aprender? ¿Cuáles son tus prioridades y objetivos al tratar con esta situación?

¿Hasta qué punto crees que la situación es controlable? Si es una situación cambiante o con un resultado incierto, escribe algunos modos a través de los cuales puede cambiar con el tiempo o algunos resultados posibles. ¿Necesitas modificar tu visión

de la situación, tus prioridades o tus objetivos para tratar con estos cambios potenciales?
¿Qué has estado haciendo frente a esta situación? ¿Es el mismo modo en que típicamente has hecho frente al estrés? ¿Hasta qué punto funciona bien para ti? ¿Cuáles son los pros y los contras de utilizar este enfoque? ¿Te ayuda a sentirte mejor? ¿Está resolviendo el problema?
¿En qué medida esta estrategia ha tenido éxito para ti en el pasado? ¿Es la situación actual parecida a las que has afrontado en el pasado, o hay diferencias? Si hay diferencias, ¿necesitas ajustar tu estrategia? Si estás utilizando una estrategia que no ha tenido éxito en el pasado, piensa por qué la estás empleando todavía. ¿Qué te impide intentar algo nuevo?
Ahora piensa en otras personas implicadas en la situación (incluida la persona con la que estás teniendo el conflicto, si resulta apropiado). ¿Cuál es su visión de la situación? ¿La ven como una amenaza, un reto o una pérdida? ¿Cuáles son sus prioridades y sus objetivos más apremiantes? ¿Hay algo que puedas hacer para llegar a un acuerdo o trabajar juntos, o necesitas establecer fronteras más claras para ti?
Intenta ahora encontrar el punto de vista más objetivo. ¿Cómo podrían ver la situación unos observadores neutrales? ¿Cómo verían tu papel en el factor estresante? ¿Qué ven de lo que haces que sea útil y qué dañino? ¿Cómo verían los papeles de las otras personas y su contribución?

Piensa en alguien que conozcas que haga frente al estrés de una manera adecuada o alguien a quien admires. ¿Cómo vería esta persona la situación? ¿La vería como una amenaza, un reto, una pérdida, o las tres cosas? ¿Cuáles serían los objetivos más importantes y las prioridades de esta persona? ¿Cómo afrontaría la situación estresante?

¿Hay algo que puedas aprender al tener en cuenta estos puntos de vista distintos? ¿Hay nuevas perspectivas o estrategias que podrían serte útiles? ¿Cómo podrías ponerlas en práctica? ¿Hay algunas barreras internas o externas que necesites superar?

SUPERAR LA PREOCUPACIÓN ANSIOSA Y LA RUMIA INTERIOR

Ahora que tienes algunas herramientas para superar la rigidez mental o el caos, hablemos de otras dos respuestas al estrés, tan comunes como improductivas: la preocupación ansiosa y la rumia interior.

La preocupación «supone un intento de embarcarse en la solución mental de un problema cuyo resultado es incierto, pero contiene la posibilidad de uno o más resultados negativos; en consecuencia, la preocupación se relaciona estrechamente con el proceso del miedo» (Borkovec *et al.* 1983,10).

La investigación sobre la preocupación sugiere que se pueden reducir la excitación fisiológica y las imágenes negativas manteniéndose en el ámbito verbal

(Borkovec y Hu 1990). La preocupación se sitúa en el hemisferio izquierdo y puede mantenerte centrado en los detalles, evitando que veas el cuadro general. Algunos investigadores (Borkovec, Alcaine y Behar 2004) creen que preocuparse puede ser un modo de evitar los signos corporales de la ansiedad y el estrés (como que tu corazón lata rápidamente) o las imágenes mentales negativas relacionadas con lo que te estresa (como la imagen de tener que vender y dejar tu casa).

La preocupación ansiosa puede magnificar el factor estresante generando posibilidades positivas una y otra vez. Un pensamiento negativo conduce a otro, y uno empieza a sentirse cada vez más estresado. La ansiedad hace que te sientas como si lo peor estuviera ocurriendo ya (nuestros cerebros no siempre distinguen entre la imaginación y la realidad). La ansiedad a corto plazo puede ser productiva si te ayuda a planificar y resolver problemas. También puede ser útil si lleva a nuevas perspectivas sobre el problema. Pero a menudo se convierte en rumia mental.

La rumia mental es preocupación ansiosa persistente y repetitiva, en la cual te obsesionas con la misma información repetidamente sin hallar ninguna respuesta nueva. La rumia mental va más allá de intentar resolver un problema o habérselas con un factor estresante. Tus pensamientos van desde: «¿Qué resultados negativos es probable que ocurran y cómo podría evitarlos?» a otros como: «¿Por qué soy un perdedor? ¿Por qué tomé decisiones tan malas que me han llevado a esta situación? ¿Por qué no puedo superarlas? ¿Qué va a pasar si sigo sintiéndome así de estresado?». La palabra *rumia* describe lo que una vaca hace con el bolo alimenticio: masticar, tragar, regurgitar y luego masticar de nuevo. Del mismo modo, masticamos la misma información una y otra vez cuando rumiamos mentalmente, sin hallar nuevas perspectivas sobre nuestro estrés.

La preocupación ansiosa y la rumia mental son la consecuencia de un «bucle de retroalimentación» entre tu amígdala y tu corteza prefrontal. Cuando la primera envía señales de alarma, la segunda analiza la alarma (la ansiedad) y luego, en lugar de calmar a tu amígdala, se le ocurren otras cosas que podrían salir mal. Esto produce un círculo vicioso de alarmas crecientes que se perpetúan, por una parte, y de ansiedad entre tu amígdala y tu corteza prefrontal, por otra parte. La investigación que utiliza el escáner cerebral muestra que la rumia mental está asociada a un aumento de la actividad de la amígdala durante el procesamiento de los estímulos emocionales (Siegle, Ingram y Matt 2002).

La rumia mental se halla asociada también al aumento de la depresión y la ansiedad con el paso del tiempo (Nolen-Hoeksema 2000). Si rumias mentalmente cuando te sientes deprimido por un problema, es probable que te sientas aún peor. Los rumiadores quieren entender por qué lo que les estresa está ocurriendo y el significado que tiene para sus vidas, pero a menudo terminan centrándose en el pasado y culpándose y criticándose de una manera poco útil. Pueden proponer modos de combatir el estrés (como trabajar más o hacer más ejercicio), pero que lo lleven a cabo es menos probable. La rumia mental puede hacer surgir sentimientos de vergüenza que los lleve a ocultarse y alejarse, más que a ocuparse activamente de lo que produce el estrés. Cuando la gente rumia mentalmente, es probable que beban más alcohol o se den atracones de comida para apartar el foco de su atención de la vergüenza y la autocrítica. La rumia mental puede convertirse en una trampa del pensamiento que justifica los mecanismos de evitación y de no asunción de la responsabilidad de solucionar la situación estresante o vivir las responsabilidades cotidianas (como la limpieza de la casa o cuidar de los hijos cuanto estás estresado).

La rumia mental también puede tener consecuencias negativas para las relaciones. En un estudio llevado a cabo con adultos (Nolen-Hoeksema y Davis 1999), los rumiadores tenían más probabilidades de buscar apoyo social después de su pérdida, pero afirmaban tener más fricciones y que sus amigos y su familia les daban menos apoyo emocional. Sus amigos y los miembros de su familia parecían frustrarse por su constante necesidad de hablar de su pérdida y del significado negativo para sus vidas incluso muchos meses después. Si sigues hablando de la misma situación estresante una y otra vez, sin pasar a la acción, la gente puede empezar a verte de manera negativa y a pensar que deberías intentar seguir adelante y hacer algo para solucionar el problema. En un estudio (Davis *et al.* 2000), buscar un sentido a la pérdida de la esposa o un hijo (como: «Ha sido la voluntad de Dios» o «Ha sido una llamada al despertar») solo era útil en la medida en que realmente se encontraba un sentido. Seguir buscando un sentido sin hallarlo no hace más que te sientas más desamparado.

Cuando estás estresado, probablemente tiendes a pensar todo el tiempo en lo que te estresa. Tu amígdala tiene difícil tratar con problemas no resueltos. Sigue llevando a tu mente lo que te estresa y recordándote que todavía no has encontrado una solución.

PRÁCTICAS: SUPERAR LA PREOCUPACIÓN ANSIOSA Y LA RUMIA MENTAL

Es muy difícil distinguir las maneras útiles de pensar sobre lo que te estresa de las que son inútiles. Tu cerebro tratará de convencerte de que no te estás ayudando al preocuparte ansiosamente y rumiar constantemente. Las prácticas siguientes pueden ayudarte a liberarte de tu rumia mental.

1. Si te encuentras preocupado por lo que te estresa, pregúntate hasta qué punto es útil la preocupación. ¿Estás buscando realmente soluciones y haciendo planes concretos para llevarlas a

cabo? ¿Estás viendo la situación bajo una nueva luz o de una manera más positiva? ¿Te sientes mejor después de pensar en el problema de este modo o te sientes peor? Si no estás encontrando soluciones y nuevas perspectivas, y te sientes peor, eso significa que la preocupación es inútil y necesitas centrarte en otra cosa.

2. Practica la detención del pensamiento. Ponte una banda elástica en la muñeca y estírala lanzándola contra tu muñeca cada vez que te des cuenta de que empiezas a preocuparte o a rumiar mentalmente. Grita: «*¡Stop!*» (o grítalo solo internamente si no es apropiado que lo grites verbalmente). Visualiza una gran señal roja de *stop*. O visualiza una señal de desvío que te dirige hacia una nueva pista mental.
3. Haz un «rincón de la preocupación» en tu casa o designa una silla como tu «silla de la preocupación». Permítete preocuparte de lo que te estresa solo cuando estés en tu silla o tu rincón de preocuparse. Concédete quince minutos dos o tres veces al día para sentarte y preocuparte. Si en otros momentos aparecen las preocupaciones, resérvalas para tu próximo período de preocuparse. Pronto tu cerebro aprenderá a asociar la preocupación solo con tu silla de preocuparse y todas las demás actividades con la ausencia de preocupación. De este modo, puedes satisfacer tu necesidad de preocuparte de un modo controlado y limitado en el tiempo.

4. Imagina tus preocupaciones como burbujas lanzadas al aire o como hojas que descienden flotando por un arroyo. Esta es una técnica de mindfulness que puede permitirte cierta distancia respecto a tus preocupaciones.
5. Encuentra una imagen alternativa, divertida, en la que centrarte cada vez que empieces a preocuparte. En un estudio clásico sobre la supresión del pensamiento (Wegner *et al.* 1987), los participantes a quienes se les había instruido para que no pensaran en un oso blanco irónicamente no pudieron dejar de pensar en un oso blanco. Pero cuando se les dio una imagen alternativa, pudieron concentrarse en ella en lugar de hacerlo en el oso blanco. Mi imagen favorita es un brillante elefante rosa subido en unos patines. ¡Cuando empieces a preocuparte o a rumiar mentalmente, piensa en tu elefante!
6. Durante una semana, observa y anota los desencadenantes que hacen que te preocupes o rumies (como hablar con otra persona ansiosa, estar acostado pero despierto en la cama o ver la televisión). Seguidamente proponte alguna alternativa, algo positivo que hacer o modos de evitar esos desencadenantes: por ejemplo, no hables de tus problemas con una persona que tienda a reaccionar negativamente o te ponga más ansioso. Si estás acostado despierto, preocupado, por la noche, después de unos quince minutos levántate y lee un libro, escucha música o mira la televisión. Programa actividades

divertidas, que te distraigan (ir al gimnasio, caminar por la naturaleza, resolver jeroglíficos o crucigramas, realizar tareas organizativas, salir con amigos, hablar con un amigo por teléfono, etcétera) en momentos en los que normalmente estarías rumiando mentalmente.

7. Interrumpe los ciclos de preocupación levantándote y caminando o comprobando atentamente lo que está ocurriendo en tu cuerpo. Si detectas un área de tensión, envía algunas respiraciones a dicha área para abrir espacio o crear una cierta suavidad. Intenta poner una etiqueta a la tensión, como «miedo», «rabia» o «tristeza». Esto puede superar el mecanismo de evitación asociado con estar «en tu cabeza» y sentirte desconectado de lo que te rodea o de tus sensaciones corporales.

ELIMINAR LA VISIÓN CATASTROFISTA

Mucha gente se vuelve catastrofista cuando se halla bajo una situación de estrés. Magnifican lo malo que es el estrés y lo convierten en una catástrofe que va a arruinar sus vidas. También sobrestiman la probabilidad de los sucesos desastrosos. Los tiroteos en las escuelas, los secuestros de niños, los accidentes aéreos y los colapsos económicos son terribles, pero ocurren rara vez. Los medios de comunicación intentan atraer lectores o televidentes presentando de manera sensacionalista esos sucesos para que les prestemos más atención a ellos. La mayoría de lo que nos preocupa no sucederá nunca. Incluso si lo hacen, podemos hallar modos de hacerle frente o de conseguir apoyo. Pero nuestros cerebros no saben eso, porque están centrados en la supervivencia y en evitar una repetición de los sucesos negativos de nuestro pasado o los resultados negativos de los que hemos oído hablar en los medios de comunicación o por otras personas.

Si has hecho frente a un factor estresante e inesperado, como un accidente de coche, un engaño de tu pareja, el divorcio súbito de tus padres o la pérdida del trabajo, puede que estés siempre en el filo de la navaja, con la sensación de que puede volver a ocurrir algo malo. Tu recuerdo de sucesos negativos se entromete en el presente y te hace ser más reactivo todavía a los factores estresantes actuales.

PRÁCTICA: ELIMINAR LA VISIÓN CATASTROFISTA Y CALCULAR SU PROBABILIDAD

En esta práctica, que se utiliza en la terapia cognitivo-conductual para controlar la ansiedad, aprenderás a calmar tu amígdala utilizando estrategias cognitivas de tu corteza prefrontal y del lado izquierdo (lógico, verbal) de tu cerebro. Hazte las siguientes preguntas respecto a lo que actualmente te estresa. Escribe tus respuestas en un diario o en una hoja de papel.

- ¿Qué temo que suceda? (Sé muy específico; por ejemplo: «Perderé mi trabajo» o «Mi mujer me abandonará»).
- ¿Es algo que definitivamente sucederá o algo que podría suceder? ¿Estoy confundiendo pensamientos (que en realidad son conjeturas acerca de lo que podría ocurrir) con hechos?
- ¿Podría sobrevivir a los peores resultados posibles? Si los miembros de mi familia se vieran afectados, ¿podrían sobrevivir? ¿Qué aspectos de mi vida y de la vida de los miembros de mi familia seguirían siendo iguales, aunque eso ocurriese? (Por ejemplo: «Tendríamos que vender nuestra casa o dejar nuestro barrio, pero podríamos comprar o alquilar una casa en un barrio cercano»).
- ¿Qué estrategias podría utilizar para hacer frente al peor resultado posible si sucediera?
- Si ocurriera lo peor, ¿hay recursos o fuentes de apoyo en los que podría confiar para ayudarme a superarlo (amigos o familia, préstamos, programas gubernamentales, etcétera)?

¿Te parece ahora el suceso estresante menos catastrófico? ¿Por qué y de qué manera?

DIAGNOSTICAR Y SUPERAR LAS TRAMPAS DEL PENSAMIENTO

Además de sobrevalorar lo negativo que es un suceso y subestimar tu capacidad para hacerle frente, hay otras trampas del pensamiento en las que puedes quedar atrapado cuando te hallas sometido a estrés. El estrés te hace menos flexible cognitivamente y hace más probable que veas las cosas de manera «todo o nada». A continuación te muestro algunas trampas del pensamiento muy comunes que pueden hacer que te sientas peor en una situación:

Pensar en blanco y negro. ¿Estás viendo las cosas en blanco y negro y olvidándote de los tonos grises? Este tipo de pensamiento te dice que las cosas o son perfectas o son horribles, que tú eres o un éxito o un fracaso, sin que haya nada en medio.

Razonamiento emocional. ¿Aceptas que algo es verdadero solo porque *sientes* que lo es? Por ejemplo, piensas que eres un perdedor o que nadie te quiere porque sientes que es así. Cuando te sientes deprimido o has sido rechazado, es más probable que te veas a ti mismo y a los demás negativamente sin ninguna evidencia que apoye tus concepciones.

Visión de túnel. ¿Dominan tu vida tus sentimientos sobre lo que te estresa, hasta el punto de que no puedes concentrarte en otra cosa? ¿Te olvidas de los aspectos de tu vida que no se ven afectados por el factor estresante? Cuando tu amígdala hace sonar la alarma, tu atención se centra de manera estrecha sobre el factor estresante. Te preocupas pensando en algo negativo que pueda ocurrir o intentando evitar que suceda. Puede que estés extravigilante ante signos de que ya está ocurriendo. Como consecuencia, los aspectos positivos de tu vida no tienen prioridad en tu cerebro, lo que conduce a un sesgo negativo.

Pensamiento ilusorio. ¿Estás organizando tu vida alrededor de lo que esperas que suceda, en lugar de prepararte para posibles resultados distintos? ¿No tienes un plan B? Por ejemplo, estás acumulando una cierta deuda con tu tarjeta de crédito, esperando ganar más dinero en el futuro. O no estudias para un examen y simplemente esperas que te saldrá bien. Las ilusiones vanas constituyen una especie de actitud pasiva, en la que no haces frente a la realidad de lo que está realmente ocurriendo. Te sientes menos estresado a corto plazo, pero tu fracaso en planificar puede hacer que posteriormente el estrés empeore. Debajo del pensamiento ilusorio, probablemente estás sintiendo mucha ansiedad.

Personalizar. ¿Estás interpretando aquello que te estresa demasiado personalmente y considerándote responsable de ello, sin ninguna evidencia? A menudo los factores estresantes suceden debido a elementos que están más allá de tu control. Solo porque tengas cáncer eso no quiere decir que no cuidases tu salud. Puedes ser despedido o no encontrar trabajo debido al estado de la economía, no porque no valgas suficiente. Tu pareja puede dejarte porque tenga sus planteamientos, no por algo que tú hicieras o dejaras de hacer. Personalizar te lleva a creer que hiciste algo mal para provocar un resultado negativo, pero puede que no sea así.

Culparte a ti o a otros. En lugar de centrarte en la situación presente y lo que puedes hacer, ¿te culpas por decisiones pasadas que no funcionaron? ¿O culpas a otros sin aceptar responsabilidad alguna por tu contribución al problema? Culpar suele ser una actitud inútil, pues la mayoría de los problemas son multifactoriales. Además, la culpa se centra en el pasado, más que en el presente, lo que hace que te aferres a la rabia o a otros sentimientos negativos. Si tomaste la mejor decisión que pudiste, dado lo que sabías en ese momento, no tienes razón para culparte si algo no funcionó.

Culpabilidad y remordimiento. La culpa y el remordimiento no hacen ningún bien, a menos que puedan ayudarte a cambiar la situación o tu conducta en el presente. Si has actuado contra tus valores o te has dañado a ti o a personas a las que amas, sentirte culpable puede ayudar a corregirte. Pero una vez has realizado las correcciones, tienes que perdonarte. De otro modo, la culpa evitará que estés mentalmente presente para esas personas. Si lamentas una decisión pasada, ¿estás teniendo en cuenta las circunstancias anteriores? La retrospección es siempre es a posteriori, por eso se puede ver con total claridad. Puede que ahora sepas mucho más de lo que sabías entonces. Puede que en el momento en que tomaste la decisión, no tuvieras la misma información que tienes ahora.

Pesimismo. Cuando piensas en lo que te estresa, ¿ves el vaso medio vacío? Cuando te sientes estresado, tu estado de ánimo negativo puede evitar que veas los aspectos positivos o neutrales de la situación. El pensamiento pesimista hace que te sientas como con ganas de abandonar porque todo está perdido, pero en la mayoría de los casos no es así. Cuando te concentras solo en los aspectos negativos de una situación estresante, puedes empezar a sentirte deprimido o no ver adecuadamente el cuadro entero.

Pensar excesivamente las cosas y cuestionarse a uno mismo. ¿Empiezas a dudar de ti mismo cada vez que intentas tomar una decisión o emprender una acción? ¿Comienzas a pensar en todo aquello que podría salir mal? Pensar excesivamente en las cosas y cuestionarte a ti mismo puede hacer que te sientas paralizado. Recuerda que no hace falta esperar la respuesta perfecta antes de actuar.

Comparaciones que no ayudan. ¿Te comparas con otros que parece que lo están haciendo mejor o afrontando mejor el estrés? Quizás otras personas tienen más dinero, más energía, más amigos o un trabajo o una casa mejores. Puede que hagan más ejercicio, coman de manera más sana o se cuiden más. Compararte con tales personas hará que te sientas peor contigo mismo y en tu situación. Sabes que las vidas de los demás puede que no sean lo que parecen, mientras que tus retos pueden haber creado fortalezas interiores que no aprecias del todo.

Mente que juzga. ¿Te juzgas y te criticas por no hacer lo que crees que «deberías» hacer? O ¿te dices que deberías hacer más, pero en realidad no lo haces? Si es así, intenta comprender las verdaderas razones de que no estés dando los pasos «perfectos» para solucionar el problema.

Quedar atrapado en una trampa del pensamiento puede aumentar tu estrés y generarte ansiedad y depresión. No solo estás frente a un suceso difícil, sino que ahora tu propia interpretación de por qué ocurrió hace que te sientas mal contigo mismo. Puedes quedar apresado en una espiral descendente en la que los pensamientos y sentimientos negativos de alarma se alimentan mutuamente. Quizás te sientas más impotente para hacer algo con lo que te estresa. O tal vez empieces a ver tu vida y tu futuro bajo la más negativa de las luces.

PRÁCTICA: DIAGNOSTICAR LAS TRAMPAS DEL PENSAMIENTO

Para aliviar tu estrés y evitar un daño adicional a tu auto-estima, necesitas conocer las trampas de tu pensamiento y etiquetarlas, en lugar de seguir creyendo lo que te dicen.

- Piensa en la situación estresante a la que estés enfrentándote. En un diario o una hoja de papel, escribe una descripción de uno o dos párrafos sobre los hechos de la situación. Los hechos es algo que realmente sucedió o que alguien pudo observar. No incluyen juicios, opiniones ni predicciones.
- Escribe tu visión personal de la situación. ¿Por qué crees que ha sucedido? ¿Qué implicaciones tiene para tu vida? ¿Qué dice de ti y de tus capacidades? ¿Qué quieres hacer con ello? ¿Qué te impide actuar? ¿Cómo crees que terminará la situación? Escribe cualquier pensamiento negativo que tengas sobre ti mismo o sobre otras personas relacionadas con esa situación.
- Lee lo que has escrito y destaca o subraya las partes que puedan clasificarse como una de las trampas del pensamiento de las que he hablado. Etiqueta qué trampa del pensamiento es.

PRÁCTICA: SUPERAR LAS TRAMPAS DEL PENSAMIENTO

Para superar las trampas del pensamiento, intenta ver la situación bajo una luz más positiva. Para cada una de ellas que hayas identificado en la práctica anterior, hazte las siguientes preguntas:

Pensar en blanco y negro

- ¿Estoy pensando en términos absolutos?
- ¿Cómo puedo hallar los tonos grises?
- ¿Puedo ver las cosas desde una perspectiva más equilibrada?
- ¿Cómo puedo ser menos negativo o juzgar menos?
- ¿Puede venir algo positivo de una situación que estoy etiquetando como «completamente negativa»?
- ¿Hay una manera más matizada de ver la situación?
- ¿Cómo podría aprender a adaptarme al «mal» resultado si sucede?

Visión de túnel

- ¿Estoy enfatizando excesivamente una parte del problema e ignorando el cuadro más amplio?
- Si estoy concentrándome solo en lo negativo, ¿qué aspectos positivos de mi vida estoy ignorando?
- Si no estoy viendo más que mis debilidades, ¿cuáles son mis fortalezas?

Pensar ilusorio

- ¿Me estoy focalizando en lo que desearía que ocurriese, más que en lo que está ocurriendo realmente?
- Basándome en mi experiencia pasada y mi conocimiento actual, ¿qué diría que es lo más probable que ocurra y cómo puedo planificarme de la mejor manera posible para ello?
- ¿Cuál es mi plan B?

Personalizar

- ¿Estoy tomándome las cosas demasiado personalmente o asumiendo toda la responsabilidad cuando otras personas o factores externos contribuyen a la situación?
- ¿Qué diría un observador objetivo?
- ¿Recuerdo que el estrés es una experiencia universal y una parte natural de la vida, más que una señal de que yo la he fastidiado?

Culparte a ti o a otros

- ¿Estoy culpando a una sola persona cuando han contribuido muchos factores?
- ¿Estoy siendo demasiado duro conmigo o con otros?
- ¿Estoy mirando todo el cuadro o teniendo en cuenta los factores que rodean toda esta situación?
- ¿Cómo puedo centrarme en abordar el problema ahora, en lugar de culpabilizar?

Culpabilidad y remordimiento

- ¿Hice daño intencionadamente a alguien o dejé de actuar cuando debería haberlo hecho?
- ¿Hice lo que creía que era lo mejor, dadas mis capacidades y mi conocimiento en ese momento?
- ¿Qué factores externos influyeron en mi decisión?
- ¿Me sentí paralizado, lleno de pánico o abrumado?
- ¿Qué experiencias pasadas me llevaron a actuar de este modo?
- ¿Qué sé ahora que no supiera entonces?
- ¿Cómo podría empezar a dejar correr las cosas y perdonarme?
- ¿Cómo podría centrarme en hacer frente al presente, más que en mirar hacia atrás?

Pesimismo

- ¿Estoy viendo el vaso medio vacío?
- ¿Qué partes buenas de mi vida están todavía intactas?
- Si ocurre algo negativo, ¿dispongo de estrategias para enfrentarme a ello y fuentes de apoyo que me ayuden a pasarlo?
- ¿Puedo enmarcar la situación estresante de una manera más positiva?
- ¿Hay algunos resultados positivos que podrían presentarse en lugar del negativo que estoy esperando?
- ¿Hay un modo de verme y de ver mis acciones o capacidades bajo una luz más positiva?

- ¿Hay algún sentido o algo útil que pueda aprender de la situación?

Pensar excesivamente las cosas y cuestionarse a uno mismo

- ¿Estoy focalizándome en lo que podría ir mal, más que en lo que podría ir bien?
- ¿Estoy buscando la solución perfecta, en lugar de la mejor elección, dadas las circunstancias actuales?
- ¿Estoy dispuesto a aceptar algún grado razonable de riesgo e incomodidad para avanzar?

Comparaciones inútiles

- ¿Realmente las otras personas lo están haciendo mucho mejor que yo?
- ¿Comenzaron ellas con ventajas u oportunidades que yo no tuve?
- ¿Estoy comparando mis interioridades con las exterioridades de otras personas? Por ejemplo, ¿estoy comparando cómo me siento yo con cómo otras personas parece que lo hacen?
- ¿Sé realmente cómo son sus vidas?
- ¿Estoy valorándome suficientemente por lo que he realizado o por todo lo que he trabajado en ello?

Mente que juzga

- ¿Son los juicios que realizo mentalmente útiles o son dañinos? Si son dañinos, ¿puedo apartar mi atención de ellos?

- ¿Hay un modo más compasivo y comprensivo de ver la situación?

Recuerda que tus juicios mentales son solo pensamientos, y no tienes por qué escucharlos. No son hechos, solo opiniones. Utiliza las técnicas de mindfulness de este libro para imaginar que tus juicios flotan como nubes en el cielo.

PENSAMIENTOS FINALES

En este capítulo, has aprendido cómo tu corteza prefrontal y tu amígdala se comunican entre sí para exacerbar o calmar tu reacción al estrés. También has aprendido cómo las experiencias de apego seguro en la infancia o en la edad adulta pueden crear una respuesta cerebral al estrés más flexible e integrada, más parecida a la arcilla que a la tierra o al cemento. La flexibilidad cognitiva es una capacidad mental que te ayuda a procesar la información conflictiva o a mirar una situación desde múltiples perspectivas. Te ayuda a emprender un nuevo camino cuando el antiguo ya no funciona. Te has hecho consciente de cómo la preocupación ansiosa y la rumia mental pueden aumentar tu respuesta al estrés y cómo detener la actitud catastrofista y ser más realista en tus predicciones. También has descubierto cuáles son las trampas del pensamiento y cómo superarlas.

CAPÍTULO

8

INCORPORANDO LO POSITIVO

Como has aprendido en los capítulos anteriores, el estrés afecta al modo en que piensas sobre tus problemas. Sentirte estresado inclina tu cerebro a pensar en términos de evitar la amenaza y la pérdida, en lugar de pensar en lo que puedes ganar o aprender de la situación. También puede darte una visión de túnel cuando te instalas en la amenaza. En este capítulo, aprenderás cómo el estrés puede producir una mentalidad de escasez y cómo superarla; también a generar positividad cuando estás estresado, utilizando tu corteza prefrontal para decirle a tu amígdala que la situación es segura y puede apagar el modo «luchar, huir o inmovilizarse».

VENCER LA HIPERVIGILANCIA

Cuando te sientes ansioso o estresado, tu atención se estrecha para centrarte en la situación amenazadora o en el resultado temido, para que puedas idear cómo evitarlos o minimizar tu dolor y tu sufrimiento. En términos evolutivos, nuestros antepasados era más probable que sobrevivieran y no fuesen devorados por leones si se mantenían vigilantes a las señales que indicaban su presencia. Durante cientos de miles de años, este foco estrecho sobre la fuente de la amenaza se programó en nuestros cerebros como una reacción al estrés. El problema es que los factores estresantes a los que es probable que tengas que hacer frente actualmente son mucho más complejos y exigentes que aquellos a los que se enfrentaban tus antepasados. Posiblemente tengas que vértelas con facturas sin pagar, soledad, rechazo, desempleo y otras situaciones que no se resuelven tan directamente.

Como has aprendido en el capítulo 1, la preocupación ansiosa constante y la vigilancia pueden convertir un factor estresante agudo en crónico. Tu mente y tu cuerpo no tienen la oportunidad de descansar o recuperarse, de modo que es probable que te agotes.

Las experiencias de Sue ilustran cómo la hipervigilancia puede obstaculizar la superación de la situación estresante.

Sue estaba atravesando una temporada estresante en su relación. Ella y su novio se peleaban mucho. Se

> obsesionó con la idea de que su novio le estaba engañando. Empezó a enviarle mensajes diez veces al día para comprobar dónde estaba, rebuscaba entre sus cosas y leía sus correos electrónicos. Era ella la que iniciaba las peleas y lo acusaba de no quererla. No podía concentrarse en su trabajo, y comenzó a cometer errores y a tener problemas con su jefe. Dejó de ver a sus amigos y de llamar a los miembros de su familia, por lo que se enfadaron con ella. Finalmente, su novio se hartó y dijo que quería darle un descanso a la relación.
>
> El hecho de centrarse constantemente en la amenaza que suponía creer que su novio le engañaba (lo que, por cierto, no era verdad) no tuvo el efecto deseado: no evitó que la relación terminara. En realidad, puede que acelerara la muerte de la relación. También la hizo más insegura y la alejó de sus amigos y de los miembros de su familia y puso en peligro su trabajo. El hecho de centrarse constantemente en el posible engaño de su novio le impidió disfrutar los aspectos positivos de la relación o construir un lazo más afectivo y tierno.

¿Te está haciendo tu estrés hipervigilante o te está provocando rechazos? ¿Estás esperando que pase algo malo, sintiendo que no puedes relajarte ni siquiera un minuto? Recuerda que tu cerebro fue diseñado para alternar trabajo con descanso, no para seguir insistiendo en el modo «luchar, huir o inmovilizarse» durante largos períodos. Necesitas hallar modos de distraerte y resistir el impulso de intentar controlarlo todo. En este caso hay tres estrategias que pueden ayudarte:

Dejar ser. ¿Qué te parecería dejar que la situación sea como es, sin tener que hacer nada con respecto a ella ni controlarla todo el tiempo? Cuando tu amígdala envía a tu cuerpo al modo «luchar, huir o inmovilizarse», experimentas un impulso de actuar directamente, aunque no sea lo mejor que puede hacerse. Respira profundamente unas cuantas veces y deja que las cosas se calmen. Si intentar controlar la situación no es productivo, retrocede un paso y deja que se desarrolle por sí sola. Intenta creer que puedes hacer frente a lo que ocurra cuando lo necesites y si lo necesitas. O busca un amigo de confianza o un ser querido para hablar con él y satisfacer así tu impulso de actuar (en este caso, hablar) sin hacer ningún daño actuando impulsivamente.

Buscar distracciones. En lugar de intentar controlar constantemente lo que te estresa, busca algo en lo que centrarte. Puede ser una actividad divertida, una tarea que suponga un reto (como un juego de palabras) o una afición (como alguna manualidad). Puedes concentrarte en una nueva historia, seguir una serie televisiva, leer un libro o ver deportes. También podrías organizar tus armarios. O jugar con tu mascota, concentrarte en tus hijos o pensar en algo divertido o sexi.

Luchar contra tus impulsos. Esta habilidad implica hacer deliberadamente algo distinto de lo que la respuesta habitual de tu amígdala, el «luchar, huir o inmovilizarte», te dice que hagas. Implica utilizar tu corteza prefrontal para sacar adelante una intención y una acción diferentes. Si tu cerebro te dice que estés pendiente constantemente de la página de Facebook de tu novio, en lugar de eso escribe en tu diario. Si estás tentado de inundar de mensajes a tu novia cuando no te responde, en lugar de eso vete a casa y duerme. De este modo estás dejándote guiar por tu corteza prefrontal más que por tu amígdala, y estás combatiendo el impulso de actuar destructivamente como respuesta al estrés. Esto puede ayudarte a proteger tu relación y tu salud.

En esta sección, has aprendido cuáles son los costes de la hipervigilancia y cómo utilizar tu corteza prefrontal para calmar tu amígdala. En la siguiente, descubrirás algunas cosas acerca de otras actitudes inútiles creadas por el estrés.

SUPERAR UNA MENTALIDAD DE ESCASEZ

Muchas situaciones estresantes implican un sentimiento de escasez. Puedes preocuparte por no tener suficiente tiempo, dinero, compañía, seguridad, etcétera, y pensar que nunca tendrás suficiente. Sentirse privado de recursos importantes –amor, comida, dinero y tiempo– puede llevarte a tener ansiedad o rabia. Tal vez empieces a obsesionarte por aquello de lo que te sientes privado. O puede que sientas la necesidad de funcionar constantemente en modo emergencia, por ejemplo, ahorrando innecesariamente o programando cada segundo de tu día sin darte la oportunidad de descansar.

En su libro (con Eldar Shafir) justamente titulado *Escasez; ¿Por qué tener poco significa tanto?* (Fondo de Cultura Económica, 2016), Sendhil Mullainathan, profesor de Economía de la Universidad de Harvard, describe cómo la escasez de tiempo y el estrés de tener que estar constantemente de un lado para otro afectaba a su conducta. Empezó a tomar pequeñas decisiones acerca de cómo utilizar su tiempo. No solo perdía su tiempo y sus compromisos lo desbordaban, sino que habitualmente permitía que el impuesto de circulación de su vehículo expirase y luego tenía que entretenerse en evitar a los policías de tráfico.

Una mentalidad de escasez estrecha nuestro marco temporal, haciendo que tomemos decisiones impulsivas que aumentan nuestras dificultades a largo plazo. Hacer frente al estrés de la escasez y los recursos limitados incrementa los problemas y las barreras con las que tienes que enfrentarte, dando como resultado fatiga mental y sobrecarga cognitiva. Tu corteza prefrontal no funciona del mejor modo posible y permite que tu amígdala, conducida por el miedo, dirija tus decisiones.

La amígdala siempre favorecerá la liberación del estrés a corto plazo, más que crear soluciones a largo plazo. Por eso cuando estamos estresados bebemos más, descuidamos nuestra salud física y mental, les concedemos menos importancia a nuestras necesidades de intimidad y compañía o fallamos a la hora de mantener nuestros compromisos con los seres queridos. Podemos postergar el pago de la cuenta de una tarjeta de crédito, al no pagar el mínimo o incluso al no abrir la carta con la factura que tenemos que pagar, esperando que de algún modo desaparezca.

Algunos estudios muestran que el estrés que produce estar atrapado económicamente, estar solo o carecer de alimentos da como resultado una obsesión malsana por aquello que no tienes (Kalm y Semba 2005; Shah, Mullainathan y Shafir 2012; Zawadzki, Graham y Gerin 2013). El estrés y la ansiedad asociados con la escasez también interfieren en la motivación y la fuerza de voluntad, haciéndote más vulnerable a la tentación. Al sentir escasez económica, puede que no inviertas suficientemente en tu negocio. Sentir escasez de tiempo puede hacer que descuides tu salud o que no descanses, lo que te producirá fatiga y agotamiento. Sentir escasez de amor puede hacer que mantengas durante demasiado tiempo una relación insana.

El estrés de la escasez y la consiguiente reducción de la motivación pueden llevarte también a evitar acciones o situaciones que puedan resolver potencialmente el problema o protegerte de un daño mayor. Las personas solitarias se ven a sí mismas y a los demás más negativamente y pueden evitar unirse a grupos de encuentro y a otras actividades por miedo al rechazo. Según el estudio del 2015 «El estrés en América», el 32 % de los estadounidenses aseguran que la falta de dinero les impide vivir un estilo de vida saludable, y uno de cada cinco afirma que ha considerado dejar de ir al médico a causa de sus problemas económicos (American Psychological Association 2015). Estas decisiones pueden moderar la ansiedad a corto plazo, pero perjudicar la salud a largo plazo.

Para combatir una mentalidad de escasez bajo situaciones de estrés, necesitas retroceder un paso y pensar deliberadamente en el cuadro más grande y las consecuencias a largo plazo de tus acciones. Sabes que tu amígdala enfatizará exageradamente el beneficio del alivio a corto plazo y te hará sentir que tienes que resolver un problema inmediatamente o que es peligroso salirte de tu rutina e intentar un nuevo enfoque. Aun cuando el mejor modo de tratar con un factor estresante sea cambiar tu situación o tu rutina, tu cerebro se resistirá, de manera natural, al cambio y reaccionará mediante el conocido «luchar, huir o inmovilizarse». Eso se debe a que para nuestros antepasados, la incertidumbre y el cambio significaban que el peligro podía estar al acecho. Pero actualmente el cambio y el peligro no tienen los mismos significados. En realidad, son parte de la vida a la que nos hemos habituado en un mundo que cambia con rapidez. Para superar una mentalidad de escasez, necesitas dejar que sean tu corteza prefrontal y los centros del pensamiento superior, más que tu amígdala basada en el miedo, los que tomen las decisiones. Tienes que evitar las acciones impulsivas a favor de las bien razonadas. He aquí algunas estrategias que puedes utilizar:

Concéntrate en lo que tienes, no en aquello de lo que careces. Para crear un sentido de abundancia, céntrate en todo lo bueno que ya tienes en tu vida: amor, logros, familia, espiritualidad, etcétera. La mayor parte del tiempo, el factor estresante es solo una pequeña parte de tu vida.

Aclara tus prioridades. Es más fácil tomar buenas decisiones si estás sometido a estrés cuando tienes claro qué es lo más importante para ti. Decide de antemano lo que es. Por ejemplo, ¿es la familia, la seguridad, la libertad, el trabajo significativo, un sentido de comunidad o vivir una vida equilibrada? Si esa es tu prioridad número uno, ¿cuál es la número dos, la número tres, etcétera? Luego, toma decisiones acerca de cómo empleas tu tiempo, tu dinero y tu energía para alinearte con esas prioridades. Es más fácil decir no y frenar el exceso de compromisos cuando sabes adónde te encaminas.

Prepara una estrategia de antemano. Establece medidas y rutinas que te ayuden a evitar tomar decisiones impulsivas cuando te sientas estresado. Confecciona una lista cuando vayas al supermercado, deja recordatorios de tus citas en tu teléfono y programa ingresos regulares en tu cuenta de ahorros. No lleves la tarjeta de crédito al centro comercial; en lugar de eso llévate a un amigo comedido. Borra los números de teléfono de tus ex para no llamarlos cuando te sientas debilitado por el estrés.

Acepta riesgos razonables. Cuando estás estresado y los recursos son escasos, puede que no quieras asumir ningún riesgo porque tienes más que perder. Pero a menudo no podemos encontrar soluciones creativas a los problemas sin aceptar cierto grado de riesgo. Los líderes empresariales se enfrentan a esto constantemente. Las empresas pueden estancarse y no lograr innovar cuando la cultura empresarial es demasiado opuesta al riesgo. Así que debes estar dispuesto a probar un nuevo enfoque, a invertir tus recursos o a resistir un tiempo si tu lógica te dice que esta es la estrategia que más probablemente te conduzca a un resultado positivo.

Adopta una perspectiva a largo plazo. El estrés nos impulsa a aliviar la ansiedad apremiante. Puede que te enfoques en metas inmediatas, pero descuides las cuestiones que son más importantes a largo plazo. Si se sirve a los clientes pero no se invierte en el crecimiento del negocio, probablemente se pierda el ritmo necesario. Puedes poner toda tu energía en el trabajo y descuidar las necesidades emocionales de tus hijos, y luego tener que hacer frente a problemas cuando llegan a la adolescencia. De modo que piensa qué es probable que ocurra en un año, cinco o diez y trabaja para hallar una solución que reduzca el estrés a largo plazo.

Construye relaciones de apoyo. En circunstancias de estrés, cuando los recursos parecen escasos, nos volvemos competitivos con los demás porque creemos que el hecho de que algún otro tenga más implica menos para nosotros. En realidad, lo contrario puede ser cierto: si ayudas a otras personas a que crezca su negocio, quizás sea más probable que tú puedas mejorar el tuyo. O si llevas en tu coche a alguien cuando lo necesite, tendrás más ayuda cuando posteriormente seas tú quien lo precise. La investigación muestra que el apoyo social es uno de los amortiguadores más fuertes contra los efectos negativos del estrés sobre la salud mental y física (Cohen y Wills 1985; Rosengren *et al.* 1993).

CREAR ESTADOS MENTALES POSITIVOS

La investigación en psicología positiva (Fredrickson 2004) sugiere que crear las emociones positivas o centrarse en ellas puede tener tres beneficios importantes. Estos beneficios pueden, en principio, ayudarnos a enfrentarnos mejor al estrés. En primer lugar, las emociones positivas nos ayudan a *recuperarnos fisiológicamente* del estrés. En segundo lugar, nos animan a *comprometernos*: a explorar, ser curiosos y asumir riesgos razonables, en lugar de huir, luchar o inmovilizarnos. Esto puede conducirnos a nuevas informaciones y recursos que nos ayuden a abordar el estrés. En tercer lugar, colaboran en que *pensemos de manera más amplia* sobre lo que nos estresa, lo cual aumenta nuestras oportunidades de hallar una solución novedosa y creativa. Analizaremos cada una de estas funciones con más detalle a continuación.

Las emociones positivas pueden ayudar a que tu cuerpo se recupere fisiológicamente del estrés. En un estudio (Fredrickson *et al.* 2000), los investigadores indujeron estrés informando a los participantes (en este caso, estudiantes universitarios) que tenían que hacer un discurso bajo presión de tiempo, y que además serían grabados en vídeo y evaluados. Esto produjo ansiedad y un aumento de la frecuencia cardíaca y la presión sanguínea. Los participantes vieron una de estas cuatro películas: una dirigida a producir diversión, otra a provocar alegría, otra a tener un efecto neutral y otra a causar tristeza. Los resultados mostraron que aquellos que vieron una de las dos primeras películas, que tenían la intención de provocar una emoción positiva, experimentaron una recuperación cardiovascular más rápida (la frecuencia cardíaca y la presión sanguínea volvieron a los niveles anteriores al estrés) que los otros. Se probó así que crear emociones positivas acelera la recuperación corporal del estrés fisiológico.

El segundo modo en que las emociones positivas pueden ayudarnos a combatir el estrés es mediante el compromiso. Los teóricos de la emoción creen que la función de las emociones positivas es motivarnos para comprometernos activamente con nuestro entorno, en lugar de retirarnos o recurrir a conductas de evitación. Las maneras de evitar sufrir la ansiedad y los sentimientos negativos asociados con el estrés incluyen comprar obsesivamente, beber demasiado alcohol, jugar a videojuegos y ver la televisión durante horas. Estas acciones pueden producir emociones positivas efímeras, pero con un coste para la salud y el bienestar. La evitación y la postergación consumen una energía que se podría utilizar para combatir activamente lo que nos estresa. Posteriormente, hacen que te sientas mal contigo mismo y ansioso por aquello que no hiciste. Si puedes aprender a sentirte más feliz o más positivamente comprometido, serás capaz de combatir más activamente el estrés.

Las emociones y los estados mentales positivos pueden hacer que la gente sea más resiliente al estrés, como las ramas robustas pero flexibles de un árbol, que se doblan pero no se rompen cuando hay una tormenta. Los estudios muestran que las personas más resilientes se enfrentan al estrés utilizando el humor, realizando actividades relajantes y pensando de manera optimista (Masten y Reed 2002). Estas estrategias de superación pueden crear emociones positivas, como diversión, interés, alegría y esperanza. Las personas resilientes saben también cómo generar emociones positivas en los miembros de la familia, los amigos y los compañeros de trabajo, lo cual es probable que les permita tener más apoyo y empatía cuando son ellos los que están estresados. En un estudio (Tugade y Fredrerickson 2004), las personas que puntuaban como más resilientes en un cuestionario informaron tener emociones más positivas y demostrar una más rápida recuperación cardiovascular después de una charla estresante que los individuos menos resilientes. Los análisis estadísticos mostraron que las emociones positivas provocaban, al menos en parte, la recuperación más rápida. Las personas resilientes pueden ser especialmente hábiles en el uso de emociones positivas para recuperarse del estrés.

Una tercera función de las emociones positivas es ampliar el modo de pensar sobre los problemas, algo que nos ayuda a enmarcar las situaciones estresantes de manera más positiva o a descubrir soluciones creativas. ¿Alguna vez has dado un paseo para relajarte cuando estabas estancado en un problema en el trabajo y has tenido una nueva comprensión o una nueva idea creativa al volver? El estado de relajación que experimentaste durante el paseo pudo haber abierto tu pensamiento para que enfocases el problema de maneras nuevas. Por eso es fundamental descansar de tu estrés y llevar a cabo actividades con las que disfrutes o estar con personas que ames. Los estados positivos resultantes no solo te animarán, sino que también pueden ayudarte a encontrar mejores modos de hacer frente a lo que te estresa.

Las emociones positivas crean también un pensamiento abierto y flexible. En un estudio (Fredrickson y Joiner 2002), los investigadores midieron el pensamiento abierto y flexible, así como las emociones positivas, utilizando un cuestionario con diferentes puntos, como «Piensa en distintos modos de abordar el problema» e «Intenta dar un paso atrás y ser más objetivo al analizar la situación». Los participantes puntuaron su probabilidad de utilizar cada estrategia para hacer frente al factor estresante, y las puntuaciones más altas indicaban un pensamiento más abierto y flexible. Los resultados mostraron que quienes informaban tener emociones más positivas era más probable que utilizaran el pensamiento amplio y flexible para tratar los problemas en las semanas siguientes. Esto, a su vez, generaba todavía más emociones positivas con el tiempo. En otras palabras, experimentar emociones positivas cuando se está sometido a estrés puede producir una espiral ascendente de estrategias eficaces.

Las emociones positivas pueden ayudar a que tu corteza prefrontal haga su trabajo calmando la reactividad automática ante el estrés para que puedas centrarte, integrar diferentes informaciones y proponer un plan para seguir adelante. Un estudio de individuos que estaban atravesando por un duelo mostró justamente este efecto. Los participantes en la investigación que informaron experimentar algunas emociones positivas a pesar del duelo era más probable que desarrollaran planes y objetivos a largo plazo. A su vez, tanto las emociones positivas como los planes y los objetivos predijeron una mejor salud mental doce meses más tarde (Stein *et al.* 1997).

¿Cómo puedes usar estos descubrimientos de la investigación sobre las emociones y los estados de ánimo positivos para afrontar mejor lo que te estresa? Un modo es desarrollar un «plan de resiliencia» en el que te comprometas proactivamente en actividades que generan emociones positivas, y luego utilizar de manera deliberada esos estados de ánimo positivos para alimentar tu pensamiento sobre lo que te estresa.

PRÁCTICA: CREAR ESTADOS DE ÁNIMO POSITIVOS

La lista siguiente te muestra qué tipos de actividades generan diferentes tipos de estados de ánimo positivos, para que puedas elegir los que funcionarán mejor para ti.

La lista no es exhaustiva, y puedes añadir otras actividades que tú prefieras o sustituir algunas. Elige entre dos y cuatro actividades que podrían funcionarte y luego confecciona un plan para encajarlas en tu horario de manera regular. Poco después de terminar la actividad, programa entre veinte y treinta minutos para sentarte y pensar sobre cómo abordar lo que te estresa. Observa qué soluciones creativas se te ocurren.

- El juego y las actividades creativas pueden producir alegría, ayudarte a empujar los límites de tu mente y resolver el problema de manera creativa.
- Explorar e intentar cosas nuevas puede generar interés y ayudarte a integrar nueva información y ampliar tus horizontes.
- Disfrutar de la naturaleza o de la belleza, practicar la gratitud o evocar memorias positivas puede producir alegría y ayudarte a tener un enfoque positivo, así como a descubrir una nueva perspectiva.
- Pasar tiempo con tus seres queridos puede generar amor y ayudarte a sentirte energizado, inspirado o seguro.
- Hacer deporte o entretenerte puede producir relajación y ayudarte a tener confianza, estar centrado y tener la sensación de que todo fluye.
- El humor (como chistes o espectáculos divertidos) puede crear diversión y ayudarte a hallar una nueva perspectiva, distanciarte de tus problemas y lograr una mayor objetividad.

En la sección siguiente, aprenderás a utilizar la gratitud para superar tu estrés. La gratitud es uno de los estados positivos mejor estudiados.

UTILIZAR LA GRATITUD PARA OBTENER UNA NUEVA PERSPECTIVA

La gratitud es un estado positivo de la mente en el que, de manera deliberada, te centras en todo lo positivo de tu vida y te sientes agradecido. Como dice Melody Beattie, especialista en motivación: «La gratitud nos revela la plenitud de la vida. Hace que lo que tenemos sea suficiente, y más que eso. Convierte el rechazo en aceptación, el caos en orden, la confusión en claridad» (Beattie 1990, 218). Practicar la gratitud puede cambiar tu perspectiva de aquello que te estresa, desde la carencia y la escasez hasta un sentido de aceptación, apertura y contentamiento.

Practicar la gratitud proporciona muchos beneficios potenciales cuando te enfrentas al estrés. Puede crear un pensamiento abierto y flexible que te ayude a ver la vida y los problemas desde una perspectiva más optimista. Contrarresta la tendencia a sobrevalorar aquello que está amenazado por el factor estresante y obsesionarte con ello. Asimismo puede ayudarte a superar la sensación de fracaso o de derrota. La gratitud también te ayuda a proteger tus relaciones de los efectos del estrés. Es menos probable que transmitas tu estrés a tus seres queridos cuando piensas en lo que significan para ti y cómo te han ayudado. Gracias a ella te das cuenta de que puedes elegir en qué centras tu atención y no tienes que dejar que lo que te estresa te arrebate la alegría que hay en tu vida. Finalmente, la gratitud puede ayudar a mejorar tu motivación para enfrentarte al estrés mediante modos saludables y persistir cuando las cosas se ponen difíciles. Por ejemplo, cuando te sientas más contento y alimentado, será menos probable que pienses que «necesitas» esa copa extra de vino.

Un célebre estudio (Emmons y McCullough 2003) llevado a cabo con unos doscientos estudiantes universitarios examinó los beneficios de escribir diarios de gratitud. Los participantes fueron divididos en tres grupos e instruidos para escribir un diario semanal centrándose en uno de estos tres temas: gratitud (bendiciones), molestias y problemas o sucesos neutros. Al final de las diez semanas, aquellos que escribieron sobre aquello por lo que agradecían resultaron ser más positivos acerca de sus vidas en conjunto, ser más optimistas respecto a la semana siguiente, sufrir menos molestias físicas (como un resfriado o un dolor de cabeza) y hacer más ejercicio. Practicar la gratitud puede ayudarte a sentirte mejor respecto a tu vida. Tiene una especie de efecto protector que le proporciona a tu corteza prefrontal más poder para refrenar los caprichos de la amígdala.

La gratitud te ayuda a ser más optimista, una cualidad que potencia el sistema inmunitario, según las investigaciones. En un estudio (Segerstrom *et al.* 1998), los investigadores midieron el funcionamiento inmunitario de universitarios de primer año que estaban experimentando el estrés de adaptarse a las normas del nuevo centro educativo. Hallaron que, por término medio, los estudiantes que fueron clasificados como más optimistas mantuvieron un número más elevado de células protectoras del sistema inmunitario, comparados con sus compañeros más pesimistas. Cuando somos capaces de ver el lado luminoso, es más fácil conservar la esperanza y la perspectiva equilibrada que nos mantiene en forma a largo plazo.

Dados sus muchos beneficios, la gratitud parece una herramienta importante para manejar el estrés.

PRÁCTICA: ESCRIBIR UN DIARIO DE GRATITUD

En tu ordenador o en un cuaderno de notas especial, empieza un diario. Decide la frecuencia con la que escribirás en él (en los estudios que se han realizado, los participantes escribían una vez al día o una vez a la semana, pero escribir diariamente tenía efectos más positivos sobre el estado de ánimo) y busca un momento y un lugar en los que hacerlo de manera regular. Por la tarde-noche es lo mejor, para poder reflexionar sobre lo que has experimentado ese día (si escribes diariamente).

Cada vez que escribas, reflexiona sobre lo sucedido ese día (o esa semana) y anota cinco cosas, grandes o pequeñas, por las que sientas agradecimiento. Podrían ser las personas a las que amas, tu mascota, las actividades que dan sentido a tu vida, la gente que te ayuda, la abundancia de la naturaleza, lo que te alimenta o cualquier otra cosa sobre la que elijas escribir. Explica, basta una frase si quieres, qué añade cada cosa a tu vida.

PENSAMIENTOS FINALES

En este capítulo, has aprendido cómo el estrés y la ansiedad producen hipervigilancia y que el estrés puede crear una mentalidad de escasez que favorece su alivio a corto plazo pero la infelicidad a largo plazo. Las estrategias para combatir esta mentalidad incluyen priorizar y preparar estrategias con antelación. En la última parte del capítulo, has aprendido cómo generar emociones y estados mentales positivos puede deshacer los efectos fisiológicos de tu respuesta «luchar, huir o inmovilizarse», motivarte a enfrentarte de manera activa con la fuente de tu estrés y ampliar el modo de pensar sobre la situación estresante. Finalmente, has aprendido cómo llevar un diario de gratitud.

CAPÍTULO

9

ENCONTRAR LA ACTITUD MENTAL CORRECTA

En este capítulo, aprenderás que gestionar tu estrés tiene mucho que ver con tener la actitud correcta. Tu mentalidad puede determinar si resultas abrumado por lo que te estresa o lo conviertes en una oportunidad para aprender y crecer. Esto no quiere decir que no sea estresante o que no afecte a tu salud y a tu felicidad si no es gestionado adecuadamente. Más bien significa que puedes reducir los impactos negativos e incluso crear resultados positivos del estrés cambiando tu actitud hacia él. En este capítulo, aprenderás más sobre las diferentes actitudes que forman parte de un cerebro a prueba de estrés. Una actitud del tipo «el estrés es beneficioso» puede ayudarte a transformar tu estrés en una oportunidad para crecer e incluso hallar beneficio en él. Finalmente, puedes aprender a ser mentalmente resistente en situaciones estresantes, con la fortaleza necesaria para perseverar, y mantener tu mirada puesta en el objetivo a largo plazo.

LA ACTITUD «EL ESTRÉS ES BENEFICIOSO»

Cómo piensas acerca del estrés es importante. Tu corteza prefrontal tiene la capacidad de bombardear tu amígdala don más pánico y pensamientos negativos o serenarla con pensamientos tranquilizadores y optimistas. En esta sección, aprenderás cómo ver tu estrés como potencialmente beneficioso puede ayudarte a superarlo de manera más eficaz.

Considerar el estrés beneficioso o perjudicial puede afectar a tu modo de acercarte a lo que te estresa y su resultado último. Puedes creer que el estrés minará tu energía y dañará tu salud, o bien que presenta una oportunidad de crecer y de aprender. Si piensas: «El estrés es perjudicial», tu objetivo principal será intentar evitarlo o minimizar las sensaciones que te provoca. Por el contrario, si piensas: «El estrés puede ser beneficioso», estarás más motivado para hacer frente a lo que te estresa de manera activa y utilizar la situación de la forma más ventajosa o trabajar para aceptar lo que te estresa que no puedas cambiar. Por ejemplo, si has sido ascendido en el trabajo, en lugar de centrarte en evitar sentirte estresado, puedes centrarte en la oportunidad que se te presenta para ejercer un cierto liderazgo y aprender nuevas habilidades que te ayuden a realizar tu trabajo con tus máximas potencialidades.

A veces pueden cambiar los tipos de factores estresantes que tengas que afrontar, de modo que necesitas aceptar que están ahí y hacer un uso óptimo de ellos. ¿Recuerdas (del capítulo 1) la investigación llevada a cabo por Elissa Epel y sus colaboradores, que mostraron los efectos perjudiciales del estrés sobre los telómeros, un indicador de la salud celular y del envejecimiento, en madres que cuidaban a niños con discapacidades? Las madres que no percibían la situación como altamente estresante –que veían su papel de cuidadoras como algo con sentido e importante, más que como una carga– estaban protegidas ante esos efectos negativos.

La psicóloga de la Universidad de Stanford, Kelly McGonigal (2015) recomienda que nos centremos en aceptar el estrés, en lugar de intentar reducirlo. Sugiere tres modos de protegerse de los efectos perjudiciales del estrés:

- Centrarse en los aspectos positivos de la respuesta al estrés del cuerpo, como la energía extra y la motivación que proporciona.
- Considerarse como alguien que puede hacer frente con éxito al estrés, adaptándose y creciendo con cada experiencia nueva.
- Aceptar el estrés como inevitable y universal; no tomarlo como algo personal.

Si ves los sucesos estresantes como algo con sentido o como retos personalmente gestionables, sentirás orgullo y entusiasmo. Aunque tu cuerpo pueda entrar todavía en modo «luchar, huir o inmovilizarse», con la misma aceleración cardíaca y las mismas palmas sudorosas, esto puede resultar vigorizante, en lugar de parecer abrumador, ¡algo así como subir a la montaña rusa o saltar en caída libre! Y cuando haya pasado, te sentirás una mejor persona por haber tenido éxito en esa difícil tarea. Si puedes hacer esto, puedes hacer algo más difícil todavía la próxima vez. Puedes empezar a verte como resiliente, capaz o incluso audaz.

Un estudio reciente (Brooks 2014) mostró que interpretar tus sentimientos de ansiedad como entusiasmo puede realmente ayudar a tu estado de ánimo y a tu funcionamiento más que intentar calmarla. Los participantes que se preparaban para dar una charla y siguieron instrucciones para relacionar su estrés con el entusiasmo se sentían más animados acerca de su tarea y lo hacían mejor que los que recibían instrucciones para intentar calmar sus reacciones ante el estrés. Cuando adoptas una actitud que se centra en los resultados positivos de sentirse estresado, las sensaciones estresantes serán menos un obstáculo. Por otra parte, si ves el estrés como perjudicial, puedes desarrollar un «miedo al miedo», en el que interpretas los propios sentimientos de ansiedad y de estrés como amenazas y signos de fracaso. Puedes estresarte por estar estresado, creando un círculo vicioso. Sentirte demasiado estresado y ansioso puede constituir un obstáculo, pero sentir un nivel moderado de estrés fisiológico y de ansiedad puede realmente mejorar tu comportamiento. Necesitas justo el estrés suficiente para que las sustancias químicas de tu cerebro lleven mucho combustible a tu depósito, pero no tanto como para sentirte abrumado y no poder seguir adelante.

Tu actitud ante el estrés es importante porque puede influir en cómo te sientes. Considerar el estrés como perjudicial puede llevarte a desarrollar estrategias poco saludables. Puedes beber demasiado, postergar la respuesta para evitar las sensaciones de estrés o rumiar mentalmente sobre sus consecuencias perjudiciales. Estas estrategias pueden obstaculizar el enfrentamiento proactivo con la fuente de tu estrés.

Ver el estrés como beneficioso puede ayudarte a aceptarlo y a utilizar el aumento de energía que proporciona para trabajar mejor y esforzarte al máximo. Si te centras solo en evitarlo, no te esforzarás tanto y no activarás todo tu potencial. Imagina que estás solo. Si te quedas sentado en casa, reducirás tu estrés a corto plazo, pero a costa de tu vitalidad y tu autoestima. Pero si te retas a ti mismo a ir a la biblioteca, al bar, al parque para perros o al gimnasio, o bien haces algún trabajo como voluntario, sentirás que no eres solo un observador del mundo, sino también un participante. Y es posible que conozcas a personas interesantes o encuentres oportunidades que mejoren tu estado de ánimo y tu autoestima. Ciertamente, un estudio sobre empleados de una institución financiera mostró que adoptar la mentalidad «el estrés es beneficioso» estaba asociado con una mayor satisfacción en la vida y con menos síntomas psicológicos con el paso del tiempo (Crum, Salovey y Achor 2013).

Pensar que el estrés es perjudicial crea mecanismos de evitación que interfieren en la oportunidad de aprender nuevas habilidades. En uno de los estudios de los que se informa en el artículo de Crum, Salovey y Achor (2013), los participantes que recibían una charla en la que se transmitía una actitud de «el estrés es beneficioso» era más probable que quisieran recibir comentarios que pudieran mejorar sus habilidades oratorias. Aquellos que consideraban que el estrés era perjudicial redujeron su exposición al estrés eligiendo no recibir comentarios, lo cual inhibió su aprendizaje y su crecimiento personal.

La buena noticia es que una actitud de «el estrés es beneficioso» puede enseñarse. En otro estudio, del que informan Crum, Salovey y Achor (2013), a más de trescientos directores de una institución financiera internacional (UBS) se les mostró uno de estos dos vídeos de tres minutos de duración: o un vídeo sobre los efectos «perjudiciales» del estrés sobre la salud y el rendimiento o un vídeo acerca de los efectos «beneficiosos» del estrés sobre la salud y el rendimiento. Los del grupo «el estrés es beneficioso» no solo mostraron una actitud más positiva hacia su estrés, sino que también tuvieron mejor salud mental y un mejor rendimiento en el trabajo en las semanas siguientes.

Ahora que conoces la importancia de tu actitud hacia el estrés, la sección siguiente te ayudará a encontrar tu actitud «el estrés es beneficioso» a través de la explicación de los beneficios reales que te aporta. Después habrá una práctica que te ayudará a cambiar tu actitud ante el estrés a una más consciente de sus beneficios.

LOS BENEFICIOS DEL ESTRÉS

Aunque el estrés puede ser perjudicial, también puede llevar a la resiliencia. En algunos estudios, cuando se exponía a las personas (o a las ratas) a una fuente estresante suave o moderada que no podían dominar, eran más capaces de hacer frente a un factor estresante posterior, del mismo modo que una vacuna nos inmuniza contra una enfermedad. Si nunca has tenido que enfrentarte con ningún cambio u obstáculo significativo, puede que tengas menos confianza y abandones más fácilmente cuando debas afrontar un reto más tarde en la vida. Una revisión de estudios sobre la resiliencia en los seres humanos concluyó que «la resistencia [...] puede derivar de una exposición controlada al riesgo [más que de su evitación]» (Rutter 2006).

La exposición a sucesos estresantes puede ayudar a protegerte de factores estresantes posteriores. En un estudio, los niños con niveles moderados de estrés en los primeros años de su vida (comparados con aquellos que tuvieron niveles más bajos o más altos) mostraron respuestas fisiológicas menores a un factor estresante (Gunnar *et al.* 2009). Un artículo de revisión sobre este tema concluía que «una historia de *cierta* adversidad en la vida predice mejores resultados no solo que una historia de *elevada* adversidad, sino también que una historia *sin* adversidades. Esto tiene implicaciones importantes para comprender la resiliencia, lo que sugiere que la adversidad puede tener sus beneficios» (Seery 2011, 390; énfasis en el original).

Los padres que quieran educar a hijos resilientes tienen que saber que los niños necesitan oportunidades de hacer frente a cierta frustración y dificultad en la vida. Por eso ser un «padre siempre al rescate» en realidad hace un flaco servicio a tus hijos, porque no los ayuda a aprender a lidiar con al estrés. La teoría de la resistencia mental, de Richard Dienstbier (1989), sugiere que experimentar un cierto estrés manejable, seguido de una recuperación, puede hacernos más resistentes mental y físicamente y menos reactivos al futuro estrés. Aprendemos a ver lo que nos estresa como más manejable y a utilizar mejor las estrategias de superación.

Incluso factores estresantes graves pueden producir beneficios en tres áreas de la vida: la autoimagen, las relaciones y el desarrollo personal y el orden de prioridades. En un estudio realizado con personas que habían sufrido la pérdida de un ser querido, el 73 % de los participantes informaron de hallar al menos algunos significados positivos en la pérdida seis meses después (Davis, Nolen-Hoeksema y Larson 1998). Experimentar factores estresantes hace más probable que se confíe en el apoyo de miembros de la familia y amigos, lo que fortalece las conexiones con ellos. Un suceso vital estresante también puede ser una llamada al despertar, que te estimule para cambiar la dirección de tu vida o reorganizar tus prioridades.

Los factores estresantes pueden cambiar tu visión del mundo de distintas maneras. Puedes centrarte menos en lo material y más en las relaciones o en la espiritualidad. Puedes volverte más responsable y abandonar conductas adictivas. Posiblemente comiences a considerar tu tiempo como más valioso y lo utilices más sabiamente. Quizás halles significado en el factor estresante educando a otros en ello o conectando con personas que han experimentado situaciones parecidas. Podrías incluso forjar una nueva identidad, eligiendo una carrera diferente, haciendo voluntariado o implicándote en la abogacía.

Encontrar beneficiosa tu fuente de estrés o descubrirle un significado puede ayudarte a proteger tu salud. En un estudio de hombres que habían sufrido recientemente su primer ataque al corazón (Affleck *et al.*

1987), aproximadamente la mitad de ellos informaron de beneficios aportados por la experiencia. Estos incluían adoptar un estilo de vida más saludable, vivir la vida disfrutando más y cambios en las prioridades, valores y modos de ver el mundo. ¡Quienes percibían los beneficios era menos probable que tuvieran un segundo ataque al corazón y más probable que estuvieran vivos ocho años después!

Un estudio de pacientes de cáncer de mama en una etapa temprana (Stanton *et al.* 2002) mostró también que hallar beneficios en la fuente estresante puede ayudarte a proteger tu salud. En este estudio, a las participantes se les dio un ejercicio de escritura. A algunas se las instruyó para que escribiesen pensamientos y sentimientos positivos relacionados con su experiencia del cáncer. A otras se les dio la instrucción de escribir sus pensamientos y sentimientos más profundos acerca del cáncer de mama. Las participantes de ambos grupos tuvieron menos visitas al médico por problemas relacionados con su enfermedad en los tres meses siguientes al estudio que aquellas del grupo de control, a quienes se les pidió que escribiesen los hechos de su experiencia sin mencionar las emociones. En otras palabras, hallar los beneficios en el estrés provocado por el cáncer o expresar deliberadamente los sentimientos profundos sobre ello conduce a mejorar la salud a lo largo del tiempo.

Aunque no tengas ningún factor estresante relacionado con la salud, como cáncer o un alto riesgo de ataque al corazón, ver algún beneficio en aquello que te estresa probablemente reducirá sus efectos negativos. Si estás haciendo frente a un problema económico, esto puede ser una oportunidad para cambiar tu relación con el dinero o tus prioridades. Si te sientes estresado por tener que mantener un equilibrio entre tu trabajo y tu vida familiar, esto puede ser una oportunidad para que establezcas fronteras. Si estás estresado por tu papel de liderazgo en el trabajo, esto podría ser una oportunidad para desarrollar tus habilidades y marcar una diferencia. Si vives estresado por responsabilidades parentales, podrías intentar ver estas responsabilidades como significativas e importantes. Lo fundamental es que consideras que el factor estresante de algún modo incrementa tu vida, lo ves como algo con sentido o como una oportunidad para aprender.

PRÁCTICA: CONSIDERAR QUE LO QUE TE ESTRESA TE APORTA ALGUNOS BENEFICIOS

Piensa en un factor estresante específico al que estés haciendo frente y, en un diario o en una hoja de papel, escribe tus respuestas a las preguntas siguientes:

- ¿Proporciona este factor estresante oportunidades para ampliar tu campo de acción y aprender nuevas habilidades, por ejemplo, capacidades laborales, habilidades relacionadas con la asertividad, habilidades comunicativas, gestión del tiempo o autocontrol? Explícalo.

- ¿Tiene este factor estresante el potencial de hacerte una persona más fuerte, más sabia o mejor? Describe cómo podría producirse esto.
- ¿Ofrece este factor estresante la oportunidad de profundizar tus relaciones de alguna manera, como buscar ayuda en otras personas; ayudar a los demás; trabajar juntos; convertirte en un mejor líder, compañero o padre, o hacerte más amable y empático? Explícalo.
- ¿Cómo podrías utilizar este factor estresante como una oportunidad para mejorar tu salud y tu estilo de vida o cuidarte mejor?
- ¿Cómo podría este factor estresante ayudarte a clarificar o cambiar tus prioridades en la vida para que puedas ser más feliz y estar más sano?
- ¿Podría este factor estresante ayudarte a crecer personal o espiritualmente? Explícalo.

Puede que sea difícil hallar beneficios en el hecho de haber experimentado un trauma, como abusos sexuales o la pérdida de un hijo, y no deberías sentirte obligado a hacerlo. Si lo que te estresa tiene impactos gravemente negativos en ti, no te sientas como si tuvieras que negar o minimizar su importancia. Es normal tener sentimientos negativos, igual que positivos, sobre lo que te causa estrés. Si te sientes angustiado por ello, no hace falta que te avergüences por no ser más positivo. Encontrar beneficios puede no ser para todo el mundo, pero para algunas personas que tienen que hacer frente a cierto tipo de factores estresantes, puede convertirse en un modo útil de proteger su salud mental y física. En la sección siguiente, descubrirás otra actitud diferente que puede ayudarte a perseverar frente al estrés.

TENER CORAJE

Otro tipo de actitud que puede ayudarte a enfrentarte al estrés es el coraje. Muchos tipos de factores estresantes requieren esforzarse durante largos períodos de tiempo, tolerar la frustración y el fracaso y continuar persiguiendo tus objetivos a pesar de los obstáculos. Hace falta determinación y firmeza mental para «permanecer en ello» a largo plazo.

El concepto de resistencia sugiere que una determinada serie de actitudes pueden ayudarte a ser más resiliente al estrés. La investigación (Kobasa 1979) sugiere que las personas resilientes poseen tres características importantes: compromiso, aceptación de los retos y control. El compromiso implica tener tal pasión por lo que haces que te permite aferrarte a ello cuando las cosas se ponen feas. Aceptar los retos significa ver aquello que te estresa más como un reto que como una amenaza (lo cual ayuda a que tu amígdala se calme y genere emociones positivas, como esperanza y entusiasmo). El control supone invertir tu tiempo y tu energía en cambiar lo que puedes controlar, en lugar de intentar cambiar lo que no puede cambiarse. Esto te ayuda a dirigir tus esfuerzos hacia donde más necesarios son. Aunque no puedas controlar lo que te estresa, puedes controlar cómo respondes a ello.

La profesora de Psicología de la Universidad de Pensilvania, Angela Lee Duckworth y sus colaboradores (2007) introdujeron el concepto de «coraje» para captar las cualidades de determinación, pasión y propósito. Las personas con coraje son aquellas que poseen la determinación de tener éxito, sienten pasión por lo que hacen y están dispuestas a aferrarse a ello cuando la situación se pone difícil. Las personas con coraje saben cuáles son sus prioridades y mantienen sus objetivos a largo plazo en mente, en lugar de cuestionarse a sí mismas y distraerse. El coraje puede ayudarte a que te mantengas en el camino a pesar de estar estresado. Se mide por una Escala del Coraje (www.angeladuckworth.com/grit-scale), que contiene afirmaciones como: «He superado obstáculos para conquistar un reto importante» y «Termino lo que empiezo».

Los sujetos de la investigación de la doctora Duckworth incluyen estudiantes, cadetes militares, parejas casadas y comerciales. Sus estudios muestran que tener coraje (esforzarse, dejarse llevar y perseverar a pesar de las dificultades) predice adecuadamente el éxito probable, mejor que el coeficiente de inteligencia o los ingresos familiares. Los estudiantes con coraje de la Universidad de Pensilvania lograron puntuaciones superiores en el Acuerdo sobre la Contratación Pública a pesar de sus puntuaciones inferiores en las pruebas estándar de acceso a la universidad, los cadetes con más coraje de West Point tenían menos probabilidad de abandonar el agotador programa de entrenamiento y los vendedores con más coraje tenían más probabilidades de conseguir sus cuotas y mantener sus puestos de trabajo (Eskreis-Winckler *et al.* 2014; Duckworth 2016).

Tener coraje significa estar dispuesto a tolerar cierta incomodidad para lograr un objetivo personalmente importante. Significa tomar una decisión consciente de aceptar cierta cantidad de estrés, en lugar de rendirse. Cuando eres valiente, tu pasión por el objetivo te mantiene motivado y eleva tu espíritu. Las personas valientes, que tienen coraje, son más capaces de ver el fracaso como una oportunidad para aprender, en lugar de desanimarse por ello. Emplean más tiempo practicando y mejorando sus habilidades para poder lograr el éxito final.

Una actitud valerosa es una parte importante de un cerebro a prueba de estrés. La valentía implica utilizar tu corteza prefrontal para calmar tu amígdala y controlar el impulso de salir corriendo de una situación estresante (huir) o quedarte abrumado (inmovilizarse). Implica cambiar deliberadamente tu perspectiva de lo que te estresa a corto plazo a la visión a largo plazo. Hay veces que merece la pena aguantar algunas fuentes de estrés. Trabajar duramente para «pagar tus cuotas» laborales y realizar un esfuerzo extra para mostrar liderazgo puede llevar más adelante a una promoción más rápida. Resistir una etapa difícil en el matrimonio (como cuando nace un bebé o cuando los hijos mayores se convierten en adolescentes) puede llevar a la mejora y la felicidad de una relación a largo plazo.

Una actitud valiente te ayuda a actuar estratégicamente y a preservar tu energía para un largo recorrido. El coraje tiene que ver con la resistencia y con tener expectativas realistas. Tiene que ver con ver el fracaso como una parte inevitable de la vida, más que como un desastre. Las personas valientes se responsabilizan de su contribución a las situaciones problemáticas y buscan aprender y mejorar, en lugar de buscar evitar el estrés. Tienen la visión y la confianza que los ayuda a aceptar y soportar el estrés al servicio de objetivos a largo plazo. En la práctica siguiente, aprenderás a volverte más valiente al hacer frente a las fuentes de tu estrés.

PRÁCTICA: TENER CORAJE

En un diario o en una hoja de papel, escribe un resumen de una o dos líneas de tus objetivos a largo plazo. Por ejemplo: «Quiero ser un dentista de éxito», «Quiero hacer aquello que amo», «Quiero dominar la pintura al óleo», «Quiero ser parte de una comunidad» o «Quiero educar a niños que tengan confianza». Luego, escribe tus respuestas a las preguntas siguientes:

- ¿Hasta qué punto estás comprometido con esos objetivos? ¿Por qué son tan significativos o personalmente importantes para ti?
- ¿De qué manera hacer frente con éxito o tolerar tu fuente de estrés te acercará a esos objetivos?
- ¿Qué tipos de estrés o de dificultades estás dispuesto a resistir para acercarte a tus objetivos (fracaso, rechazo, incertidumbre, sentirte cansado, etcétera)?
- ¿Qué puedes hacer para aumentar tu resistencia y así soportar mejor el estrés? ¿Qué podría ayudarte a sentirte más firme, estable, fuerte, energizado u optimista?
- ¿Puedes replantearte el modo de pensar sobre la fuente de tu estrés, para que lo sientas más como una oportunidad de aprender y menos como un obstáculo permanente para alcanzar tus metas? (Puede que tengas que reformular tu modo de pensar en tus objetivos o definirlos de manera más amplia).

PENSAMIENTOS FINALES

En este capítulo, has aprendido las actitudes que pueden ayudarte a tolerar el estrés y a superarlo. Ver que lo que te estresa te aporta algunos beneficios puede motivarte a aceptar lo que no puedas cambiar y a aprovechar las oportunidades de aprender y crecer. Experimentar un estrés controlable puede ayudarte a saber cómo manejar el estrés para hacerle frente mejor la próxima vez. Finalmente, la fortaleza y una actitud de valentía implican utilizar tu compromiso con objetivos a largo plazo como una motivación para perseverar y soportar el estrés.

CAPÍTULO

10

VIVIR DE MANERA SANA FRENTE AL ESTRÉS

El estrés puede ser mentalmente agotador y hacer que tu amígdala sea más poderosa y difícil de regular. Puede provocar inflamación, insomnio y aumento de peso y llevar a un exceso en el consumo de alcohol. Pero un estilo de vida que incluya suficiente sueño, alimentación sana y ejercicio regular puede fortalecer la capacidad de tu cerebro para manejar el estrés y proteger tu salud mental y física. En este capítulo, aprenderás algunas maneras más saludables de vivir frente al estrés.

ESTRÉS CRÓNICO E INFLAMACIÓN

El cortisol, hormona del estrés, indica a tu sistema inmunitario que se prepare para combatir a las bacterias o sanar el daño recibido, así como volver al punto de partida cuando lo que te estresa haya terminado. La inflamación aguda es la respuesta natural y protectora de tu cuerpo al estrés físico o emocional. No obstante, el estrés crónico puede aumentar la efectividad del cortisol en la regulación de tu respuesta inmunitaria y la reducción de la inflamación cuando lo que te estresa ha terminado. Tus tejidos pueden volverse más sensibles a la función del cortisol, causando que la inflamación se descontrole. La inflamación galopante puede contribuir al desarrollo de una depresión, enfermedad del corazón, diabetes o cáncer, así como asma y alergias. Pero el ejercicio, una alimentación saludable y la gestión del estrés pueden reducir la inflamación relacionada con el estrés, como verás en este capítulo.

EL ESTRÉS CRÓNICO Y EL AUMENTO DE PESO

¿Te has encontrado alguna vez tomando mecánicamente un gran helado mientras tu mente le da vueltas a la última ruptura amorosa que has sufrido, o comiendo una hamburguesa con patatas delante de tu ordenador, mientras intentas enrabiado terminar un trabajo a tiempo? Quizás eres una madre muy ocupada que come galletas de chocolate en el coche mientras llevas a los niños de aquí para allá a un montón de actividades. El estrés que persiste mucho tiempo constituye un triple golpe para el peso: aumenta tu apetito, hace que tu cuerpo se aferre a la grasa e interfiere en tu fuerza de voluntad para mantener un estilo de vida sano.

Bajo condiciones estresantes, tu cerebro libera una cascada de elementos químicos, incluyendo adrenalina y cortisol. A corto plazo, la adrenalina te ayuda a sentirte menos hambriento ya que tu sangre se aleja de tus órganos internos para acudir a tus principales músculos y prepararte para luchar o a huir. Ahora bien, una vez los efectos de la adrenalina disminuyen, el cortisol merodea y comienza a indicarle a tu cuerpo que reponga tu suministro de alimentos. Defenderse de los animales salvajes, como hacían nuestros antepasados, consume mucha energía, de modo que sus organismos necesitaban almacenar más grasa y glucosa. ¡Los seres humanos de hoy en día, que a menudo se tumban en el sofá preocupados por cómo pagar las facturas o trabajan largas horas en el ordenador, no consumen tanta energía cuando se enfrentan a lo que los estresa! Desafortunadamente, estamos estancados en un sistema neuroendocrino que no se actualizó, de modo que tu cerebro va a decirte que alcances ese plato de galletas de todos modos.

Como dije en el capítulo 1, el estrés puede hacer también que tu cuerpo se acostumbre a un abdomen pronunciado. En la época en que nuestros antepasados luchaban contra tigres y contra el hambre, sus cuerpos se adaptaban aprendiendo a almacenar provisiones de grasa para mucho tiempo. El desafortunado resultado es que cuando estás crónicamente estresado, tienes tendencia a desarrollar un nivel extra de «grasa visceral» en tu vientre. Este exceso de grasa abdominal es insano y resulta difícil librarse de él. El estrés libera sustancias químicas que desencadenan la inflamación. Además, el exceso de cortisol ralentiza tu metabolismo, porque tu cuerpo quiere mantener un suministro adecuado de glucosa para el duro trabajo mental y físico de hacer frente a la amenaza. Esto significa que tu cuerpo quema calorías más lentamente, haciéndote más propenso incluso a aumentar de peso.

El estrés puede llevarte también a sentir ansiedad. La adrenalina es la razón del sentimiento «programado» que tienes cuando estás estresado. Aunque puedas quemar algunas calorías extra correteando por aquí y por allá, porque no puedes quedarte quieto, la ansiedad puede desencadenar un «comer emocional».

Comer excesivamente o comer alimentos poco sanos como respuesta al estrés o como un modo de calmarse es muy frecuente. En el estudio titulado «El estrés en América», realizado por la Asociación Americana de Psicología en el 2015, casi el 40 % de los que respondieron reconocieron hacer frente al estrés de este modo. También es bastante frecuente realizar actividades sedentarias para hacer frente al estrés. Dos de cada cinco de quienes contestaron (el 39 %) informó que veía la televisión durante más de dos horas al día para lidiar con el estrés, mientras que el 40 % respondió que se conectaba a la Red y navegaba por Internet. Quedarse echado en el sofá con patatas fritas aumenta la tentación de comer excesivamente. Navegar por Internet o ver la televisión también puede hacer que comas más «mecánicamente», sin estar atento realmente al sabor de la comida, a cuánto has comido o a cuándo te sientes lleno. Cuando comes mecánicamente, es probable que comas más y sin embargo que te sientas menos satisfecho.

Cuando estamos crónicamente estresados, nos apetecen «comidas cómodas» como una bolsa de patatas fritas o una gran tarrina de helado. Estos alimentos tienden a ser fáciles de comer, altamente procesados y elevados en grasa, azúcar o sal. Un estudio de la Universidad de Pensilvania (Teegarden y Bale 2008) mostró que los ratones que eran «estresados» por los investigadores elegían bolitas de comida con más contenido en grasa. Además, puedes asociar algunos alimentos de tu infancia con la calma y la comodidad. ¿Recuerdas esas galletas recién horneadas en casa de tu abuela?

El estrés puede llevarte también a comer de manera menos sana porque te falta tiempo y energía. Cuando estás estresado, es más probable que tomes comida rápida, en lugar de dedicar tiempo y energía a planificar y cocinar una comida. Los estadounidenses tienden a cocinar y comer en casa menos que los habitantes de muchos otros países, y también trabajan más horas. Si trabajas en un área urbana y vives en las afueras, probablemente el largo recorrido hasta llegar a casa, con embotellamientos, aumente tu estrés e interfiera en tu fuerza de voluntad, porque estarás más hambriento al llegar.

Para recapitular: el estrés puede llevar a comer excesivamente, a comer de manera poco sana, a seguir un estilo de vida sedentario, a un metabolismo más lento y a tener un mayor abdomen. Pero puedes compensar estos efectos dedicando tiempo y energía a un hábito de manejo del estrés que puede incluir ejercicio o meditación. Y con un poco de preparación, puedes empezar a comer mejor. Aprenderás estas estrategias más adelante, en este capítulo.

EL ESTRÉS Y LA PERTURBACIÓN DEL SUEÑO

Según el estudio de la Asociación Americana de Psicología del 2015, «El estrés en América», cerca de la mitad de los americanos adultos (el 46%) permanece despierto por la noche como consecuencia del estrés. El estrés altera el equilibrio entre la respuesta «luchar, huir o inmovilizarse» de tu sistema nervioso simpático y las señales de tu sistema nervioso parasimpático para que tu cuerpo vuelva al punto de partida y de ese modo puedas «descansar y digerir». Te vuelves hiperexcitable y no puedes apagar tu respuesta al estrés al final del día.

El estrés puede afectar a tu capacidad de dormirte y de permanecer dormido. Y el insomnio puede crear más estrés al interferir en la capacidad de tu cerebro para centrar y regular tu estado de ánimo. Incluso si no tienes insomnio, puede perjudicar la calidad de tu sueño, haciendo que sea menos restaurador y que descanses menos. Casi la mitad de los estadounidenses adultos (el 46 %) afirman dormir poco o de manera superficial cuando están estresados, según el estudio de la Asociación Americana de Psicología.

También puedes perder el sueño por quedarte toda la noche sin acostarte preparando exámenes o trabajando hasta altas horas de la madrugada. El estrés disminuye el azúcar en sangre, lo cual lleva a sentir fatiga durante el día. Si tomas café o bebidas con cafeína para mantenerte despierto, o si bebes alcohol para sentirte mejor, tu ciclo del sueño puede perturbarse todavía más. La falta de sueño altera el funcionamiento de la grelina y la leptina, sustancias químicas que controlan el apetito. Deseamos carbohidratos cuando estamos cansados o malhumorados por falta de sueño. Finalmente, no obtener esas preciadas sustancias merma tu fuerza de voluntad y tu capacidad de resistir la tentación, añadiéndose a los efectos negativos del cortisol sobre tu corteza prefrontal.

EL ESTRÉS Y EL ABUSO DEL ALCOHOL

Un estudio (Keyes *et al.* 2012) halló que tanto los hombres como las mujeres que afirmaban tener niveles altos de acontecimientos de la vida estresantes bebían más alcohol. Pero los hombres se daban al alcohol como un medio de hacer frente al estrés con mayor frecuencia que las mujeres. Por ejemplo, entre quienes informaron de experimentar al menos seis sucesos estresantes en su vida, el porcentaje de hombres que se emborrachaban era de una vez y media mayor que las mujeres y los trastornos por abuso de alcohol entre ellos era dos veces y media más alto que entre ellas. Quizás los hombres tienen menos salidas naturales a través de la expresión emocional que las mujeres, haciendo que sea más probable que beban como un modo de reducir su ansiedad o de permitirse expresar sentimientos contenidos provocados por el estrés.

Es probable que un vaso de vino ocasionalmente pueda romper las barreras de tus sentimientos de estrés y ansiedad. Puede que te haga sentirte más relajado y contento, más a gusto y más social, en lugar de preocuparte por tus problemas. Sin embargo, cuanto más bebes, mayor es la dosis de alcohol que necesitas para obtener el efecto relajante. Y estar bebido puede llevarte a peleas con tu pareja, problemas legales o aumento de peso. Tal vez no duermas bien por la noche. Al día siguiente, puedes tener resaca o sentirte más deprimido y ansioso. Beber en exceso es un modo de huir de los problemas, en lugar de hacerles frente directamente. Así pues, el alcohol es más un estancamiento a corto plazo que una solución a largo plazo. Embriagarse puede crear también más estrés y desgastar tu cuerpo, porque este tiene que utilizar energía extra para metabolizar el alcohol. Y cuando estás ebrio, tu cuerpo puede liberar más cortisol, aunque al principio te sientas más alegre.

En el caso de las mujeres, beber en exceso se define como tomar más de tres bebidas juntas y más de siete en una semana. En los hombres se define como tomar más de cuatro bebidas juntas y más de catorce en una semana. A largo plazo, abusar del alcohol hace que tu mente y tu cuerpo sean más reactivos al estrés. Actúa como una fuente de estrés crónica sobre tu cuerpo, interfiriendo en tu respuesta normal al estrés y reduciendo tu capacidad corporal para volver al equilibrio después del estrés. Por tanto, el estrés crónico combinado con el exceso de alcohol es un doble golpe para tu salud y puede conducir a un envejecimiento prematuro. Es importante que controles el uso que haces del alcohol y halles modos más sanos de relajarte cuando estás estresado. Esto implica desarrollar nuevos hábitos, lo cual requiere tiempo, esfuerzo y constancia.

HACER EJERCICIO PARA CONTROLAR EL ESTRÉS

El estrés crónico y los modos poco sanos de manejarlo, como comer en exceso o beber demasiado alcohol, pueden afectar negativamente tu salud. En esta sección, aprenderás cómo el ejercicio regular puede ayudar a amortiguar los efectos del estrés crónico sobre tu mente y tu cuerpo.

El ejercicio aeróbico regular, como caminar, co-rrcr o nadar, puede resultar estimulante y ayudar a que te relajes. También puede mejorar tu estado de ánimo. Por eso el ejercicio se utiliza a veces para tratar los trastornos de ansiedad y la depresión clínica. El ejercicio reduce tus niveles de adrenalina y cortisol y aumenta tus niveles de sustancias químicas calmantes y que te hacen sentir bien, como la norepinefrina, la serotonina y la dopamina. También puede aumentar la producción de endorfinas, que reducen el dolor, y de endocannabinoides, que se cree producen «el subidón del corredor», la sensación de calma, bienestar, fuerza y optimismo que se experimenta a veces después de un ejercicio aeróbico. Estudios con animales (Pagliari y Peyrin 1995) muestran que el ejercicio estimula la producción de norepinefrina, lo cual mejora la comunicación entre otras sustancias químicas cerebrales y ayuda a que nuestros cerebros respondan de manera más eficaz al estrés.

El ejercicio puede hacer que te sientas más fuerte y con mayor confianza ante el estrés. Te ayuda a desarrollar fuerza y resistencia y a mantener un peso saludable. Proporciona también una inyección de energía que puede ayudarte a realizar tu trabajo y las tareas de la casa de manera más eficaz. La auto-disciplina que el ejercicio implica puede ayudarte a tener más coraje y mantenerte encaminado hacia tus objetivos cuando la vida se vuelve estresante.

El ejercicio aeróbico también puede proteger tu cerebro del envejecimiento prematuro asociado al estrés crónico (Puterman *et al.* 2010). Los investigadores hallaron que las mujeres que hacían frente a un estrés crónico y hacían ejercicio vigorosamente durante una media de unos cuarenta y cinco minutos tres días a la semana (algo similar a las recomendaciones de las autoridades sanitarias) tenían células que mostraban menos signos de envejecimiento comparadas con las mujeres estresadas que permanecían inactivas. Muchas de estas mujeres cuidaban a familiares con demencia o con el alzhéimer. Como vimos en el capítulo 1, los telómeros (capuchas protectoras al final de nuestros cromosomas) se desgastan y se acortan por el estrés crónico, haciendo que nuestras células envejezcan más rápidamente. Este estudio mostró que el ejercicio regular, vigoroso, puede protegernos a nivel celular contra los efectos negativos del estrés. El ejercicio también evita que nos pasemos el tiempo rumiando mentalmente, ya que lleva el flujo sanguíneo a esas áreas del cerebro implicadas en la aparición de pensamientos estresantes una y otra vez.

Tanto el ejercicio intenso como el recreativo pueden ocuparte de tal manera que te distraigan del estrés. El ejercicio puede ayudarte a salir de casa para disfrutar del sol o de la belleza natural. A muchos corredores y ciclistas les gusta practicar cerca de océanos, ríos o lagos, o en senderos de montaña. Los deportes en equipo, como el fútbol, el béisbol y el baloncesto, o los deportes sociales, como el golf o el tenis, pueden ayudarte e hacer nuevas amistades y divertirte. También mover los grupos de músculos principales (como los de los brazos y las piernas) a un ritmo repetitivo puede ayudarte a sentirte más calmado y meditativo.

No solo los deportes y el ejercicio aeróbico, sino también los ejercicios de estiramientos como el yoga y el pilates pueden ayudarte a reducir el estrés. Estos tipos de ejercicio requieren una concentración consciente en el cuerpo para mantener la estabilidad de los músculos de la columna vertebral y del abdomen (tu zona media) mientras mueves los brazos, las piernas o el torso. Los movimientos son suaves, estirando y fluyendo, y llevan a una conciencia del cuerpo relajado y a una atención concentrada. La filosofía del pilates y del yoga es comprender y aceptar tu capacidad actual y trabajar lentamente para mejorarla, en lugar de intentar forzarla. Tal enfoque desarrolla la autoconciencia y la aceptación, que puedes aplicar a la gestión del estrés.

Yoga y pilates requieren también concentración en la respiración, lo que puede ayudar al sistema nervioso parasimpático a frenar la respuesta «luchar, huir o inmovilizarse». La combinación de la respiración profunda y los movimientos rítmicos de estiramiento puede inducir una relajación profunda y un alivio del estrés. En un estudio que explora los beneficios del yoga para las mujeres con historias de traumas, «experimentaron una mejora en las conexiones con una sensación de dominio y control sobre sus cuerpos, sus emociones y sus pensamientos, y una mayor sensación de bienestar, calma y completitud en sus cuerpos y sus mentes» (Rhodes 2015, 247). Formas más intensas de yoga y pilates tienen también una cualidad vigorizante, porque mejoran el flujo de oxígeno a través del cuerpo.

Ahora que conoces los beneficios del ejercicio, a continuación te ofrezco algunos consejos que te ayudan a desarrollar el hábito de hacer ejercicio.

DESARROLLAR EL HÁBITO DE HACER EJERCICIO

El ejercicio regular es una parte importante de la rutina de control del estrés. Puede ayudarte a protegerte de la depresión y disminuir el riesgo para tu salud que entraña el estrés crónico. Ahora bien, puede que tengas que esforzarte para empezar un nuevo ejercicio o hacer ejercicio regularmente cuando estás estresado. Quizás te dé la impresión de que no tienes tiempo o que el ejercicio reduce el poco tiempo del que dispones para estar con tu pareja y tus hijos después de un largo día de trabajo. Puede que tengas buenas intenciones, pero que otros proyectos te distraigan, que te cueste levantarte pronto para hacer los ejercicios o que te sientas cansado para hacer ejercicio al final de un día estresante. Tu respuesta consistente en «luchar, huir o inmovilizarse» puede que haga más difícil dejar de trabajar o hacer los recados con el fin de tener tiempo para cuidar tu salud;

probablemente temas no terminar tu trabajo si haces un descanso. En realidad, el ejercicio puede darte más energía, concentración y claridad mental para afrontar tus exigencias diarias y manejar las fuentes de estrés.

Hay otras barreras mentales que se levantan ante el ejercicio. Cuando ya estás estresado, hacer ejercicio puede parecer otra tarea más. Quizás te sientas acomplejado por tu peso o avergonzado de lo incompetente que eres, y no quieras hacer frente a esos sentimientos. Puedes temer sentirte incómodo y desalentado. Por la mañana, tal vez tengas resaca o te sientas demasiado hambriento para funcionar. Al final del día, quizás prefieras simplemente ver la televisión.

Debido a estas barreras mentales, físicas y emocionales para hacer ejercicio cuando se está estresado, es fácil hallar excusas para descartarlo. No basta con tener buenas intenciones. Tienes que dar pasos concretos para trasladar estos deseos a la acción y elaborar un plan para hacer frente a los obstáculos inevitables.

En su éxito de ventas *El poder de los hábitos*, el escritor de temas económicos Charles Duhigg (Urano, 2012) describe el desarrollo de un nuevo hábito como un proceso en tres partes. En primer lugar, te das a ti mismo una *pista* que te motiva para realizar la conducta, por ejemplo, dejar tus zapatillas de correr junto al rincón en el que desayunas, para recordarte tu *footing* matutino. En segundo lugar, está la *rutina*, que es la conducta real, como correr tres kilómetros en días alternos. En tercer lugar está la *recompensa*, que puede ser la satisfacción y el orgullo que sientes cuando te duchas después o bebes un vaso de agua fría. Puedes sentirte recompensado al ver tus abdominales tonificados o percibir la disminución de tu vientre. Puedes sentirte energizado y alerta después de hacer ejercicio, que es una recompensa interna. O puedes sentirte recompensado logrando una retroalimentación regular. Utilizar un podómetro (o, como se llama popularmente hoy, un monitor de actividad) para registrar tu actividad diaria o las calorías quemadas es una manera de conseguir esto.

Incluso si sientes que no tienes tiempo para un ejercicio rutinario regular, aumentar el número de pasos que andas cada día puede ayudarte a estar más en forma, evitar el aumento de peso y aliviar el estrés. Caminar rápido es una actividad aeróbica que aumenta la frecuencia cardíaca y el bombeo de oxígeno por todo tu cuerpo. Algunos expertos recomiendan caminar diez mil pasos (unos ocho kilómetros) al día, pero no es una norma rígida. Si tienes un estilo de vida sedentario, puede que habitualmente camines tan solo unos dos mil pasos al día. Pasar de dos mil a diez mil supone quintuplicarlo, así que quizás prefieras empezar andando quinientos pasos más cada día e ir aumentando hasta el nivel en el que te encuentres cómodo.

MI CONTRATO DE EJERCICIO PERSONAL

Planeo hacer ejercicio durante ________ minutos en los siguientes días de cada semana: ____

____

____

El tipo de ejercicio(s) que haré es: ____________________

La señal que me recordará hacer ejercicio es: ____________________

La recompensa personal que obtendré del ejercicio es: ____________

____

Mi(s) mayor(es) barrera(s) para hacer ejercicio es/son: ____________

____

____

____

____

Este es mi plan para lidiar con cada barrera: ____________________

____

____

____

____

____

____

Firma ______________________________

Fecha ______________________________

(Se concede permiso al lector para reproducir esta página para uso personal).

PRÁCTICA: DESARROLLAR Y MANTENER EL HÁBITO DE HACER EJERCICIO

He aquí unos cuantos consejos que te ayudan a hacer más ejercicio o a desarrollar una rutina de ejercicio regular. Haz un círculo en los números que crees que encajan mejor con tus preferencias y tu estilo de vida.

1. Haz más ejercicio en tu rutina diaria. Por ejemplo, sube por la escalera en lugar de utilizar el ascensor, aparca más lejos de la oficina, ve en bicicleta al trabajo, sube las escaleras de tu casa más a menudo, saca a pasear a tu perro diez minutos más o sube una colina.
2. Halla alguna clave concreta que te anime a hacer ejercicio. Esto puede incluir escribir «¡HAZ EJERCICIO!» en una nota adhesiva que pongas cerca de tu cama, o podría implicar colgar la foto de una persona haciendo ejercicio que hayas recortado de una revista.
3. Busca una motivación intrínseca (interna), en lugar de una solamente extrínseca (externa). Un ejemplo de motivación intrínseca es un deseo de tener más energía o de manejar tu estrés. Una motivación extrínseca podría ser que tu médico te dijera que necesitas hacer ejercicio, o podría ser la envidia que tienes de los abdominales tonificados de tu vecino. La investigación muestra que es más probable que nos

aferremos al ejercicio cuando estamos motivados internamente, hacerlo por nosotros mismos, en lugar de porque algún otro lo diga.

4. Halla una actividad en la que hagas ejercicio y en la que disfrutes espontáneamente. Si no te divierten los deportes de equipo o físicamente tienes dificultades de coordinación, opta por la marcha, el yoga, el excursionismo o ir en bicicleta. Piensa en si disfrutas más con el ejercicio suave o con el vigoroso, y si prefieres la variedad o hacer la misma rutina cada día. A algunas personas les gusta la estructura de los ejercicios en una clase o la atmósfera social del gimnasio, mientras que otras se decantan por la flexibilidad de hacer ejercicio solas. Si te gusta el aspecto social, únete a un equipo o busca un compañero de ejercicio.
5. Conviene que veas con claridad qué recompensa regular obtienes de hacer ejercicio. Presta atención a si te encuentras más calmado después de una carrera o un ejercicio. O saborea el tiempo de diversión y distracción respecto del estrés. Siéntete bien por entrar todavía en tus viejos pantalones vaqueros o por tener energía extra durante el día.
6. Piensa en las barreras que pones al ejercicio y encuentra un plan para superarlas. Si no estás en forma, empieza por un objetivo pequeño, manejable, como un paseo de veinte minutos al día. Si estás cohibido por tu peso, cómprate un chándal que te haga sentirte más atractivo.

Si estás ocupado, decide qué días y a qué horas concretas harás ejercicio, y escríbelo en tu horario. Si te aburres haciendo ejercicio tú solo, busca una clase o un amigo que te acompañe. Si estás cansado o hambriento al final del día, haz ejercicio por la mañana o al mediodía. Si apuntarte en un gimnasio es demasiado caro, compra un DVD con ejercicios o haz ejercicio al aire libre.

7. Escribe un contrato de ejercicio personal en el que establezcas cuánto ejercicio vas a hacer y cuántas veces. Puedes fotocopiar el modelo que te presento en la página 308.

MEJORAR TU SUEÑO

Como has visto en la sección anterior, hacer ejercicio tiene muchos beneficios psicológicos y cerebrales cuando se trata de manejar el estrés. El ejercicio puede también ayudarte a dormir más fácilmente y a tener un sueño más reparador. En un estudio nacional realizado con dos mil seiscientos hombres y mujeres (Loprinzi y Cardinal 2011), siguiendo las recomendaciones sanitarias de ciento cincuenta minutos de actividad, de moderada a vigorosa, a la semana, el ejercicio reducía la somnolencia diurna y proporcionaba un 65 % de mejora en la calidad del sueño. Pero incluso aparte del ejercicio, dormir lo suficientemente bien debería ser un ingrediente clave de tu plan de control del estrés.

La falta de sueño afecta a la capacidad que tiene tu corteza prefrontal de controlar tu respuesta al estrés y de mantener tu amígdala bajo control. También interfiere en tu fuerza de voluntad, tus funciones mentales y tu capacidad de resistir el hecho de comer excesivamente o de beber demasiado cuando estás estresado. Incluso dormir menos de seis horas por la noche puede actuar como una fuente de estrés crónica, añadiéndose a las otras fuentes de estrés a las que estés haciendo frente. Si te preguntas cuánto hay que dormir para que sea suficiente, un estudio que se llevó a cabo con cerca de un millón de personas (Kripke *et al.* 2002) halló que quienes dormían entre seis horas y media y siete horas y media cada noche eran los que más tiempo vivían. Quienes dijeron dormir más de ocho horas o menos de cuatro horas cada noche tenían un riesgo más elevado de morir en los seis años siguientes.

Si el estrés está alterando tu sueño, puedes estar tentado de tomar pastillas para dormir, pero esto es un arreglo a corto plazo que no se hace cargo del problema central. Cuando dejes de tomarlas, tus dificultades para dormir volverán. Además, los somníferos pueden ser adictivos y hacer que te sientas atontado o deprimido al día siguiente. En el estudio antes descrito, quienes tomaron este tipo de fármacos tenían más probabilidad de morir, pero no estamos seguros de si la medicación causaba el riesgo de mortalidad más elevado. Una mejor estrategia es utilizar alguna herramienta conductual para ayudar a tu cerebro a aprender nuevos hábitos de sueño.

Una buena estrategia para lograr dormir es eliminar o reducir las actividades o las sustancias que alteran tu sueño. Estas pueden diferir para cada persona. El culpable típico es la cafeína. La cafeína es un estimulante que se encuentra no solo en el café, sino también en muchos refrescos y bebidas energéticas e incluso en el chocolate. Comprueba la etiqueta para ver si lo que comes o bebes contiene cafeína. Esta no solo te mantiene despierto, sino que te hace dormir más ligeramente y que te despiertes y vayas al baño durante la noche. Lo mejor es reducir tu consumo de cafeína en general, así como no beber ni comer nada con esta sustancia al menos desde unas cuatro horas antes de irte a dormir. Es mejor deshabituarte de la cafeína o reducir tu consumo disminuyendo gradualmente la cantidad diaria.

El alcohol es otro culpable cuando se trata de perturbar el sueño. Aunque puede dejarte somnoliento y ayudar a que te vayas a dormir, es más probable que duermas mal y te despiertes durante la noche. La ebriedad puede reducir tus niveles de melatonina, una hormona que controla tu reloj biológico y afecta a tu producción de otras hormonas, durante una semana, lo que afecta a tu capacidad de dormir. La melatonina disminuye con la luz brillante y aumenta con la oscuridad. De modo que baja las persianas y apaga la luz. También dormirás mejor sin el brillo de tus aparatos electrónicos, así que cubre tu despertador y tu móvil. Algunas personas toman suplementos de melatonina; quizás quieras consultar a tu médico para ver si esta solución resulta adecuada para ti.

Cuando estás crónicamente estresado, tu corteza prefrontal se vuelve hiperalerta. Tu mente bulle planificando lo que tienes que hacer, preocupándote por ello o revisando mentalmente interacciones estresantes. Esto puede interferir en la capacidad de dormirte o de permanecer despierto. Un pequeño estudio, no publicado (American Academy of Sleep Medicine 2011) investigó la idea de que sobreutilizar las funciones superiores del cerebro podría calentarlo excesivamente durante la noche. (Tu reloj biológico de manera natural hace que te sientas más caliente durante el día y más fresco durante la noche, para ayudarte a dormir más fácilmente). El estudio mostraba que utilizar «gorros refrescantes» con agua fría que circulaba ayudaba a que la gente se durmiera y permaneciera dormida. Aunque estos resultados necesitan ser confirmados por otros estudios, puede ayudar reducir el termostato hasta alrededor de los 18 °C o beber un vaso de agua fría antes de irte a dormir. Solo la cabeza necesita mantenerse fresca, de modo que puedes poner el resto del cuerpo bajo un edredón o acurrucarte con tu pareja si tienes frío.

También puedes tener rutinas que interfieren en el sueño, como quedarte hasta demasiado tarde viendo la televisión, navegando en Internet o entretenido con las aplicaciones en tu móvil. Una rutina relajante antes de irte a la cama, que puede incluir darte un baño caliente, oler lavanda, escuchar música clásica u otros tipos de música suave, practicar algunos estiramientos de yoga, hacer sonidos naturales o meditar puede ayudarte a desconectar tu hiperestimulado cerebro. Una vez estás en la cama, resiste la tentación de ver la televisión, consultar tu móvil o incluso leer un libro que estimule tu cerebro. Estar echado en la cama, despierto (especialmente viendo tu despertador, preocupándote por la falta de sueño) puede hacer que asocies tu cama con estar despierto. Por eso los expertos recomiendan que te levantes tras quince minutos de no poder dormir y realices una actividad tranquila (como leer un libro) en otra habitación antes de volver a la cama.

El estrés puede producir molestias y dolores que hagan más difícil conseguir dormir. También puede provocar tensión muscular, a veces incluso sin conciencia de ello. En la práctica siguiente, aprenderás una forma breve de *relajación muscular progresiva*, una comprobada técnica para producir una respuesta de relajación que puede ayudarte a dormir. Piensa en ella como un modo de invitar a tu sistema nervioso parasimpático («descansar y digerir») a que ponga freno a la respuesta «luchar, huir o inmovilizarse». Tras efectuar esta práctica, puedes tener una sensación de calma y relajación. Exige un tiempo llegar a ser diestro en relajarse, así que lo mejor es practicar varias veces a la semana.

PRÁCTICA: RELAJACIÓN MUSCULAR PROGRESIVA

Durante esta práctica, tensarás y relajarás casi todos los grupos de músculos mayores de tu cuerpo. Empezarás por los pies y sistemáticamente irás recorriendo tu cuerpo hasta la cabeza. El objetivo de este ejercicio es ayudar a que te relajes y también enseñarte la diferencia entre tensión y relajación. Durante el día, si comienzas a percibir tensión en los músculos, puedes practicar tensarlos y relajarlos. Al principio, practica este ejercicio cada noche. No te preocupes si te duermes mientras lo haces. Comienza tensando y luego relajando las siguientes zonas de tu cuerpo, de una en una. Cuando te relajes, deja que las sensaciones de la relajación recorran tus músculos como una ola. Simplemente permite que lentamente se liberen todas esas sensaciones de tensión. Observa la sensación que te produce la relajación y su diferencia con la tensión. Luego, disfruta de las sensaciones de relajación en esa zona de tu cuerpo.

1. Tu pie derecho: flexiona los dedos y tensa el pie; luego, estíralo.
2. Tu pie izquierdo: repite lo que has hecho en el derecho.
3. Tu pantorrilla derecha: tensa la pantorrilla y luego suéltala.
4. Tu pantorrilla izquierda: repite lo que has hecho en la derecha.

5. Tu muslo derecho: aprieta los músculos; luego, estíralos.
6. Tu muslo izquierdo: repite lo que has hecho en el derecho.
7. Tu región inguinal y tus glúteos: aprieta y contrae los glúteos; luego, lentamente, aflójalos.
8. Tu abdomen: lleva el abdomen hacia dentro; luego, suéltalo lentamente.
9. Tu zona lumbar: encoge tu zona lumbar; luego, aflójala.
10. Tu caja torácica: junta tus costillas; luego, suéltalas.
11. Tu zona dorsal: aprieta los hombros, juntándolos; luego, aflójalos.
12. Tu brazo derecho: tensa todo el brazo; luego suéltalo.
13. Tu brazo izquierdo: repite lo que has hecho en el derecho.
14. Tu mano derecha: cierra el puño y aprieta; luego ábrelo.
15. Tu mano izquierda: repite lo que has hecho en la derecha.
16. Tus hombros y tu zona cervical: levanta los hombros hasta las orejas y contrae el cuello; luego bájalos y extiéndelos.
17. Tu rostro: contrae la cara y aprieta los labios; luego aflójalos.

Una vez hayas realizado esta práctica varias veces y estés familiarizado con la tensión y la relajación, la próxima vez que la hagas puedes dejar de tensar; simplemente relaja cada grupo muscular de uno en uno. También puedes abreviar el ejercicio combinando grupos de músculos (las dos piernas al mismo tiempo, el abdomen y el torso a la vez, los hombros y los brazos juntos, etcétera). También puedes utilizar un CD o una aplicación de relajación muscular progresiva que te guíe a través de una práctica parecida a esta.

COMER DE MANERA MÁS SALUDABLE CUANDO TE SIENTES ESTRESADO

Como has descubierto antes, el estrés puede provocar que se coma excesivamente por razones emocionales y que se deseen alimentos con grasas, azucares y farináceos. En esta sección, aprenderás estrategias de superación que pueden ayudarte a comer de manera más sana. No se trata ni de intentar ponerte a dieta, ni de pasar hambre, ni de asustarte si engordas uno o dos kilos cuando te hallas en situaciones de estrés. Tiene más que ver con aprender un hábito y un estilo de vida que te ayuden a comer conscientemente y a utilizar la comida como un modo de combatir el estrés y alimentarte.

Muchas personas han aprendido a ahogar sus sentimientos de miedo, rabia o tristeza comiendo. Si creciste en una familia en la que la expresión de emociones fuertes se consideraba inaceptable o una señal de debilidad, o si calificas los sentimientos negativos como «malos» o «peligrosos» e intentas acallarlos, puede que suprimas a menudo tus emociones. Desafortunadamente, la supresión emocional no es una estrategia efectiva, ya que los sentimientos no procesados a menudo «rebotan» con una mayor intensidad. Al no saber cómo tratar estos sentimientos más intensos, puedes caer en el comer emocional.

PRÁCTICA: COMER CONSCIENTEMENTE

He aquí una estrategia para comer conscientemente que puede cambiar tu relación con la comida y hacer menos probable que comas por razones emocionales o que de manera impulsiva te lances sobre comida basura cuando estés estresado. Como preparación, corta una fruta (por ejemplo, una manzana verde o roja o una pera) en rodajas muy finas.

1. Mira una de las rodajas de la fruta y observa las sensaciones y los pensamientos que tienes. Quizás percibas un aumento de saliva en tu boca, la anticipación de algo fresco y crujiente o un deseo de algo dulce o ácido. Observa el color y la frescura de la fruta. Antes de dar un bocado, piensa en cómo esa fruta ha llegado a tu mesa. Si es una manzana, piensa en su crecimiento en la rama de un manzano en un campo soleado.

Luego, piensa en la gente que la cultivó, la recogió y la transportó hasta ti.

2. Dale un bocado a la rodaja y luego cierra los ojos. No empieces a masticar todavía; concéntrate solo en ese bocado que le has dado a la fruta. Observa su sabor, su textura y su temperatura.
3. Mastica lentamente, percibiendo las distintas sensaciones. Si tu mente vagabundea o se va a otros pensamientos, vuelve a llevarla tranquilamente al sabor de la fruta y a cómo hace que te sientas.
4. Mientras te preparas para tragar, intenta seguir el progreso del alimento a medida que viaja desde la parte posterior de tu boca y tu lengua hacia tu garganta. Trágalo, prestando atención a lo que percibes, hasta que ya no puedas experimentar ninguna sensación relacionada con el alimento.
5. Inspira profundamente y espira. Date cuenta de cualquier sentimiento que pueda producirse.

Intenta dar el primer bocado, o los dos primeros, de cada comida de este modo. Eso te ayudará a estar más consciente durante el resto de la comida. El comer consciente implica también no hacer nada más que comer, de manera que en lugar de hacer varias cosas al mismo tiempo, coloca la comida en una bandeja y tómala sentado en la mesa. Que tu mente registre que estás haciendo un descanso para comer y prestar atención a tu comida.

Centrarte conscientemente en el proceso de comer te ayuda a sintonizar con las señales intuitivas de tu cuerpo, de modo que es más probable que sepas cuándo estás lleno.

Las siguientes estrategias pueden ayudarte también a combatir la tendencia a comer en exceso o a tomar alimentos poco sanos cuando estás estresado:

Come en horarios regulares. Quienes cenan tarde es menos probable que hagan comidas regulares y están más inclinados a comer alimentos poco sanos. Cuando cenas tarde, no le das a tu organismo la oportunidad de eliminar calorías antes de irte a dormir. Tomar tentempiés y comidas que sean sanos durante el día puede provocar una sensación de calma interior y de alegría que hará menos probable que comas impulsivamente cuando te sientas desequilibrado o con alguna carencia emocional.

Planifica tus comidas. Una falta de planificación puede hacer que te alimentes de comida basura porque no tienes energía para comprar y cocinar comida sana o porque no te queda comida sana en el frigorífico. No puedo exagerar la importancia de planificar tus comidas y dedicar tiempo a comprar fruta fresca, proteínas, granos integrales y verduras para proporcionarte una alternativa apetitosa a la comida basura.

Sé consciente de los alimentos que resultan estimulantes para ti. La mayoría de nosotros tenemos comidas que nos gustan especialmente y que nos incitan a comer en exceso. Los *donuts* y otros alimentos azucarados pueden provocar una subida de tu azúcar en sangre y luego una bajada, lo que hará que te sientas otra vez hambriento. No comas como un mecanismo de liberación emocional, y si lo haces y comes los alimentos insanos que te encantan, hazlo en pequeñas cantidades.

Bebe menos alcohol. Beber demasiado alcohol provoca que engordes. El alcohol también reduce la inhibición, haciendo más probable que mandes a paseo la prudencia y comas de manera poco sana.

Practica una gestión saludable del estrés. En lugar de usar la comida y el alcohol para relajarte después de un día estresante, planifica otras actividades relajantes. Da un paseo o ve al cine, queda con un amigo, date un baño caliente, haz yoga o medita, escucha música o enciende una varita de incienso. Como has aprendido ya en este libro, meditar centrándote en la respiración puede relajar tu amígdala y darle a tu corteza prefrontal más capacidad de calma a tu respuesta al estrés.

PENSAMIENTOS FINALES

En este capítulo, has aprendido cómo el estrés puede producir inflamación e inclinarte a conductas poco saludables, como comer en exceso, beber demasiado alcohol, no dormir suficiente y no encontrar tiempo para hacer ejercicio. Has aprendido la importancia y los beneficios de hacer ejercicio, comer sano y dormir suficiente cuando estás estresado. También has aprendido herramientas de superación, incluyendo el establecimiento de un ejercicio específico; a utilizar claves, hábitos regulares y recompensas para fortalecer un hábito nuevo; a elegir una actividad para disfrutar; a disponer tu entorno para facilitar que duermas bien y a comer más conscientemente.

CONCLUSIÓN

La capacidad de gestionar con éxito el estrés constituye una de las habilidades que necesitas para la felicidad y el éxito en el rápidamente cambiante mundo actual. El estrés súbito, inesperado, o el de larga duración pueden afectar a tu estado de ánimo, tu salud, tus relaciones y tu calidad de vida. La respuesta programada de tu cerebro al estrés te precipita a estados de «luchar, huir o inmovilizarse» que te pueden llevar a una conducta impulsiva, a la ansiedad, al rumiar mental constante, a la impotencia o a la incapacidad de actuar. El estrés crónico y los efectos del cortisol, así como los modos poco saludables de manejar el estrés, pueden amenazar tu salud a largo plazo. Por otra parte, si actúas de manera adecuada, puedes calmar tus emociones, realizar elecciones más sabias, sentir que controlas mejor los acontecimientos y cuidarte mejor durante todo el camino de tu vida. El estrés nos reta a que perseveremos ante el fracaso, la desilusión y las dificultades, y proporciona un poderoso empuje para el crecimiento personal y psicológico.

En este libro, has aprendido cómo actúa el estrés sobre el cerebro y la respuesta automática a él iniciada por la amígdala y el hipocampo y coordinada en tu cuerpo por tu sistema nervioso simpático y parasimpático. Has aprendido cómo los neurotransmisores, por ejemplo la adrenalina, y las hormonas como el cortisol te impelen a luchar o a huir de una amenaza inminente. Has aprendido cómo utilizar mindfulness, la conciencia emocional, la compasión hacia uno mismo, la sensación de control y otras estrategias para calmar las percepciones de amenazas de tu amígdala. También has aprendido cómo tu corteza prefrontal, tu centro ejecutivo cerebral, puede ayudarte a refrenar la respuesta automática de tu cerebro para que puedas avanzar de manera más prudente y estratégica, hallar soluciones creativas, perseverar, mantenerte sano y encontrar los aspectos positivos, y que facilitan el crecimiento, de tu situación estresante. Has aprendido cómo romper el círculo del rumiar mental y cómo reducir el perfeccionismo y la autocrítica, que pueden obstaculizar la acción eficaz.

Tener un cerebro a prueba de estrés significa ser capaz de hacer que las cosas vayan más despacio, enraizarte y superar los sentimientos de ansiedad e impotencia, que pueden hundir sus raíces en experiencias pasadas, difíciles. Significa ser el director general de tu propio cerebro, en lugar de dejar que sea tu amígdala la que esté al mando. Puedes aprender a reorientar tu pensamiento desde el miedo y el pesimismo hacia la apertura, la esperanza, la curiosidad y la creatividad. Este cambio de actitud puede ayudarte a mantenerte más sano, a ser más feliz, a mantener relaciones más satisfactorias, a tener éxito en los negocios o a ser un líder en tu empresa o tu comunidad. ¡No puedes evitar el estrés, pero puedes aprender a verlo como un reto que te ayuda a crecer y a convertirte en la mejor versión de ti mismo!

RECONOCIMIENTOS

Este libro representa la culminación de un largo sueño. Ha tardado varios años en llegar a su consumación. Dado que mi trabajo con este libro ha coincidido con el desarrollo de mi práctica clínica en Mill Valley (California), he necesitado contar con el apoyo de mi familia. Estoy profundamente agradecida a mi marido, Brian Hilbush, por animarme activamente, por proporcionarme un enorme apoyo práctico constante, por cuidar de los niños para que nuestra vida familiar siguiera funcionando de una manera adecuada y por ser el amor y la inspiración de mi vida. Estoy también profundamente agradecida a mi hija, Sydney, por tener que pasar tantas tardes y fines de semana sin su mami, por aguantar a una madre con demasiadas cosas en su mente y por permitir que mi trabajo la inspirase.

Estoy enormemente agradecida al equipo de New Harbinger por creer en mí y ayudarme a dar forma a mis ideas y a mi escrito. Mi manuscrito mejoró a grandes pasos bajo vuestra tutela. Las sugerencias de la editora Wendy Millstine me ayudaron a afinar mis ideas y me guiaron durante la fase de propuesta. El redactor Jess O'Brien me encaminó durante todo el proceso con paciencia y entusiasmo. Un especial agradecimiento al corrector Will DeRooy por revisar hábilmente el manuscrito para hacerlo más breve y legible y por su actitud positiva y su atención al detalle. El corrector Nicola Skidmore me ayudó a hacer la escritura más viva, coherente y atractiva. Quiero agradecer también a la directora artística Amy Shoup por una portada perfecta.* También agradezco al director del proyecto, Jesse Burson, al editor asociado Vicraj Gill, a la asociada de la mercadotecnia y publicidad Fiona Hannigan y a la redactora publicitaria Lisa Gunther por su ayuda en varias fases de este proyecto. Me gustaría agradecer también a mi agente, Giles Anderson, por su apoyo y los ánimos que he recibido de él.

Quiero agradecer a Frank Sonnenberg por sus consejos en las primeras etapas del texto de mi propuesta; a mi buena amiga Eileen Kennedy Moore, por compartir generosamente su trabajo y su experiencia conmigo; a Susan Whitbourne y Lybi Ma, por ofrecerme la oportunidad de escribir en el blog de *Psychology Today*, y a mis

* La autora se refiere al diseño original de la edición en lengua inglesa.

amigos blogueros y consejeros, especialmente a LaRae Quy, por compartir mi trabajo en redes sociales y por ser un gran apoyo para mí. Gracias a Phil Manfield por su experta supervisión de mi trabajo clínico. Me gustaría también agradecer a los mentores que me ayudaron en distintas etapas de mi carrera académica, especialmente a Sharon Foster, Perry Nicassio, Dick Gevirtz y Arthur Stone. Estoy agradecida por el amor y la generosidad de mi suegra, Barbara Hilbush, y la de Audrey Penrose en Sudáfrica. Valoro mucho el apoyo de las familias Hilbush y Ligatich y de mis buenos amigos en Marin, San Diego, Londres, Cape Town y Sídney: ¡vosotros sabéis quiénes sois!

Mis padres, Rheda y Ralph Greenberg, que están conmigo en espíritu, siempre creyeron en mi potencial y apoyaron mi trabajo. Cuando yo era joven, mi madre pasó incontables horas ayudándome con mis deberes de la escuela, leyéndome, llevándome a la biblioteca y enseñándome el amor a la escritura.

Finalmente, quiero agradecer a mis estudiantes y pacientes por lo mucho que me han enseñado. Mis pacientes siguen inspirándome con su coraje y su resiliencia.

FUENTES

Achor, Shawn. *The Happiness Advantage: The Seven Principles of Positive Psychology That Fuel Success and Performance at Work*, Nueva York: Broadway Books, 2010.

Duckworth, A. *Grit: El poder de la pasión y la perseverancia,* Madrid: Urano, 2016.

Emmons, R. A. *¡Gracias! De cómo la gratitud puede hacerte feliz.* EDB editorial, 2008.

Germer, C. K. *El poder del mindfulness: Libérate de los pensamientos y las emociones autodestructivas,* Barcelona: Paidós, 2011.

Greater Good: The Science of a Meaningful Life (blog) (http://greatergood.berkeley.edu).

Hanson, R. *El cerebro de buda : la neurociencia de la felicidad, el amor y la sadiduría.* Santander: Editorial Milrazones, 2011.

Marin Psychologist (mi blog) (http://marinpsychologist.blogspot.com) *Kelly McGonigal: How to Make Stress Your Friend* (TED talk) (https://www.ted.com/talks/kelly_mcgonigal_how_to_make_stress_your_friend).

Mullainathan, S. y E. Shafir. *Escasez: ¿Por qué tener poco significa tanto?,* México: Fondo Cultura económica, 2016.

Neff, D. D. *Sé amable contigo mismo: El arte de la compasión hacia uno mismo,* Barcelona: Paidós, 2016 .

Shapiro, F. *Supera tu pasado: Tomar el control de la vida con el EMDR,* Barcelona: Kairós, 2017.

Siegel, D. *Mindsight: The New Science of Personal Transformation*, Nueva York: Bantam, 2010.

Spirit Rock: An Insight Meditation Center (http://www.spiritrock.org) Stress Management and Coping with Stress/ Psych Central (http://psychcentral.com/stress).

The Center for Mindful Self-Compassion (http://www.centerformsc.org).

The Mindful Self-Express (blog), (https://www.psychologytoday.com/blog/the-mindful-self-express).

University of California San Diego Center for Mindfulness (https://health.ucsd.edu/specialties/mindfulness/Pages/default.aspx).

REFERENCIAS

Adams, C. E. y M. R. Leary. 2007. «Promoting Self-Compassionate Attitudes Toward Eating Among Restrictive and Guilty Eaters». *Journal of Social and Clinical Psychology* 26: 1120-1244.

Affleck, G., H. Tennen, S. Croog y S. Levine. 1987. «Causal Attribution, Perceived Benefits, and Morbidity Following a Heart Attack». *Journal of Consulting and Clinical Psychology* 55: 29-35.

Altenor, A., E. Kay y M. Richter. 1977. «The Generality of Learned Helplessness in the Rat». *Learning and Motivation* 8: 54-61.

American Academy of Sleep Medicine. 2011. «Cooling the Brain During Sleep May Be a Natural and Effective Treatment for Insomnia». News release. *Science Daily*, 13 de junio, https://www.sciencedaily.com/releases/2011/06/110613093502.htm.

American Psychological Association. 2015. *Stress in America: Paying with Our Health.* Washington DC: Author.

Baumeister, R. F., E. Bratslavsky, M. Muraven y D. M. Tice. 1998. «Ego Depletion: Is the Active Self a Limited Resource?». *Journal of Personality and Social Psychology* 74: 1252-1265.

Beattie, M. 1990. *The Language of Letting Go: Daily Meditations on Codependency*. Center City, MN: Hazelden.

Borkovec, T. D., O. M. Alcaine y E. Behar. 2004. «Avoidance Theory of Worry and Generalized Anxiety Disorder». En *Generalized Anxiety Disorder: Advances in Research and Practice*, editado por R. Heimberg, C. Turk y D. Mennin. Nueva York: Guilford Press.

Borkovec, T. D. y S. Hu. 1990. «The Effect of Worry on Cardiovascular Response to Phobic Imagery». *Behaviour Research and Therapy* 28 (1): 69-73.

Borkovec, T. D., E. Robinson, T. Pruzinsky y J. A. Dupree. 1983. «Preliminary Exploration of Worry: Some Characteristics and Processes». *Behaviour Research and Therapy* 21: 9-16.

Brach, T. 2003. *Aceptación radical,* Madrid: Gaia, 2014.

Bratman, G. N., G. C. Daily, B. J. Levy y J. J. Gross. 2015. «The Benefits of Nature Experience: Improved Affect and Cognition». *Landscape and Urban Planning* 138: 41-50.

Brooks, A. W. 2014. «Get Excited: Reappraising Pre-Performance Anxiety as Excitement». *Journal of Experimental Psychology*: General 143 (3): 1144-1158.

Brown, D. W., R. F. Anda, H. Tiemeier, V. J. Felitti, V. J. Edwards, J. B. Croft y W. H. Giles. 2009. «Adverse Childhood Experiences and the Risk of Premature Mortality». *American Journal of Preventive Medicine* 37: 389-396.

Casey, C. Y., M. A. Greenberg, P. M. Nicassio, R. E. Harpin y D. Hubbard. 2008. «Transition from Acute to Chronic Pain and Disability: A Model Including Cognitive, Affective, and Trauma Factors». *Pain* 134: 69-79.

Chiesa, A. y A. Serretti. 2009. «Mindfulness-Based Stress Reduction for Stress Management in Healthy People: A Review and Meta-analysis». *Journal of Alternative and Complementary Medicine* 15 (5): 593-600.

Cohen, S., T. Kamarck y R. Mermelstein. 1983. «A Global Measure of Perceived Stress». *Journal of Health and Social Behavior* 24: 385-396.

Cohen, S., D. A. J. Tyrrell y A. P. Smith. 1991. «Psychological Stress and Susceptibility to the Common Cold». *New England Journal of Medicine* 325: 606-612.

Cohen, S. y T. A. Wills. 1985. «Stress, Social Support, and the Buffering Hypothesis». *Psychological Bulletin* 98: 310-357.

Cole, S. W., L. C. Hawkley, J. M. Arevalo, C. Y. Sung, R. M. Rose y J. T. Cacioppo. 2007. «Social Regulation of Gene Expression in Human Leukocytes». *Genome Biology* 8 (9): R189.

Crum, A. J., P. Salovey y S. Achor. 2013. «Rethinking Stress: The Role of Mindsets in Determining the Stress Response». *Journal of Personality and Social Psychology* 104: 716-733.

Cryder, C. E., S. Springer y C. K. Morewedge. 2012. «Guilty Feelings, Targeted Actions». *Personality and Social Psychology Bulletin* 38: 607-618.

Curtis, R., A. Groarke y F. Sullivan. 2014. «Stress and Self- Efficacy Predict Psychological Adjustment at Diagnosis of Prostate Cancer». *Scientific Reports* 4: 5569.

Davidson, R., J. D. Kabat- Zinn, M. Schumacher, D. Rosenkranz, S. F. Muller, F. Santorelli, A. Urbanowski, K. Harrington, K. Bonus y J. F. Sheridan. 2003. «Alterations in Brain and Immune Function Produced by Mindfulness Meditation». *Psychosomatic Medicine* 65: 564-570.

Davis, C., S. Nolen-Hoeksema y J. Larson. 1998. «Making Sense of Loss and Benefiting from the Experience: Two Construals of Meaning». *Journal of Personality and Social Psychology* 75: 561-574.

Davis, C. G., C. B. Wortman, D. R. Lehman y R. C. Silver. 2000. «Searching for Meaning in Loss: Are Clinical Assumptions Correct?». *Death Studies* 24: 497-540.

Dienstbier, R. A. 1989. «Arousal and Physiological Toughness: Implications for Mental and Physical Health». *Psychological Review* 96 (1): 84-100.

Duckworth, A. 2016. *Grit: El poder de la pasión y la perseverancia*, Madrid: Urano.

Duckworth, A. L., C. Peterson, M. D. Matthews y D. R. Kelly. 2007. «Grit: Perseverance and Passion for Long-Term

Goals». *Journal of Personality and Social Psychology* 92 (6): 1087-1101.

Duhigg, C. 2015. *El poder de los hábitos: Por qué hacemos lo que hacemos en la vida y en la empresa.* Barcelona: Books4pocket.

Emmons, R. A. y M. E. McCullough. 2003. «Counting Blessings vs. Burdens: An Experimental Investigation of Gratitude and Subjective Well- Being in Daily Life». *Journal of Personality and Social Psychology* 84: 377-389.

Epel, E. S., E. H. Blackburn, J. Lin, F. S. Dhabhar, N. E. Adler, J. D. Morrow y R. M. Cawthon. 2004. «Accelerated Telomere Shortening in Response to Life Stress». *Proceedings of the National Academy of Sciences* 101 (41): 17312-17315.

Epel, E. S., B. McEwen, T. Seeman, K. Matthews, G. Castellazzo, K. D. Brownell, J. Bell y J. R. Ickovics. 2000. «Stress and Body Shape: Stress-Induced Cortisol Secretion Is Consistently Greater Among Women with Central Fat». *Psychosomatic Medicine* 62 (5): 623-632.

Eskreis-Winkler, L., E. Shulman, S. Beal y A. L. Duckworth. 2014. «The Grit Effect: Predicting Retention in the Military, the Workplace, School and Marriage». *Frontiers in Personality Science and Individual Differences* 5 (36): 1-12.

Felitti, V. J., R. F. Anda, D. Nordenberg, D. F. Williamson, A. M. Spitz, V. Edwards, M. P. Koss y J. S. Marks. 1998. «Relationship of Childhood Abuse and Household Dysfunction to Many of the Leading Causes of Death in Adults. The Adverse Childhood Experiences (ACE) Study». *American Journal of Preventive Medicine* 14: 245-258.

Flett, G. L., P. L. Hewitt y M. Heisel. 2014. «The Destructiveness of Perfectionism Revisited: Implications for the Assessment of Suicide Risk and the Prevention of Suicide». *Review of General Psychology* 18 (3): 156-172.

Fox, K. C., S. Nijeboer, M. L. Dixon, J. L. Floman, M. Ellamil, S. P. Rumak, P. Sedlmeier y K. Christoff. 2014. «Is Meditation Associated with Altered Brain Structure? A Systematic Review and Meta-Analysis of Morphometric Neuroimaging in Meditation Practitioners». *Neuroscience Biobehavioral Reviews* 43: 48-73.

Frattaroli, J. 2006. «Experimental Disclosure and Its Moderators: A Meta-Analysis». *Psychological Bulletin* 132: 823-865.

Fredrickson, B. L. 2004. «The Broaden-and-Build Theory of Positive Emotions». *Philosophical Transactions of the Royal Society B: Biological Sciences* 359: 1367-1378.

Fredrickson, B. L. y T. Joiner. 2002. «Positive Emotions Trigger Upward Spirals Toward Emotional Well-Being». *Psychological Science* 13: 172-175.

Fredrickson, B. L., R. A. Mancuso, C. Branigan y M. M. Tugade. 2000. «The Undoing Effect of Positive Emotions». *Motivation and Emotion* 24 (4): 237-258.

Germer, C. K. 2011. *El poder del mindfulness: Libérate de los pensamientos y las emociones autodestructivas*, Barcelona: Paidós.

Gilbert, P. 2018. *La mente compasiva. Una nueva forma de enfrentarse a los desafíos vitales*. Barcelona: Eleftheria.

Glaser, R. y J. K. Kiecolt-Glaser. 2005. «Stress-Induced Immune Dysfunction: Implications for Health». *Nature Reviews Immunology* 5 (3): 243-251.

Glaser, R., G. R. Pearson, R. H. Bonneau, B. A. Esterling, C. Atkinson y J. K. Kiecolt-Glaser. 1993. «Stress and the Memory T-Cell Response to the Epstein-Barr Virus in Healthy Medical Students». *Health Psychology* 12 (6): 435-442.

Gross, J. J. y R. A. Thompson. 2007. «Emotion Regulation: Conceptual Foundations». En *Handbook of Emotion Regulation*, editado por James J. Gross. Nueva York: Guilford Press.

Grossman, P., L. Niemann, S. Schmidt y H. Walach. 2003. «Mindfulness-Based Stress Reduction and Health Benefits: A Meta-analysis». *Focus on Alternative and Complementary Therapies* 8 (4): 500.

Gunnar, M. R., K. Frenn, S. S. Wewerka y M. J. van Ryzin. 2009. «Moderate vs. Severe Early Life Stress: Associations with Stress Reactivity and Regulation in 10-12-Year-Old Children». *Psychoneuroendocrinology* 34: 62-75.

Hanson, R. 2011. *El cerebro de buda: la neurociencia de la felicidad, el amor y la sadiduría*. Santander: Editorial Milrazones.

Hölzel, B. K., J. Carmody, M. Vangel, C. Congleton, S. M. Yerramsetti, T. Gard y S. W. Lazar. 2011. «Mindfulness Practice Leads to Increases in Regional Brain Gray Matter Density». *Psychiatry Research: Neuroimaging* 191 (1): 36-43.

Hommel, K. A., J. L. Wagner, J. M. Chaney y L. L. Mullins. 2001. «Prospective Contributions of Attributional Style and Arthritis Helplessness to Disability in Rheumatoid Arthritis». *International Journal of Behavioral Medicine* 8 (3): 208-219.

Kabat-Zinn, J. 1982. «An Out-Patient Program in Behavioral Medicine for Chronic Pain Patients Based on the Practice of Mindfulness Meditation: Theoretical Considerations and Preliminary Results». *General Hospital Psychiatry* 4: 33-47

_____2009. *Mindfulness en la vida cotidiana: Donde quiera que vayas, ahí estás*. Barcelona: Paidós.

Kabat- Zinn, J., L. Lipworth y R. Burney. 1985. «The Clinical Use of Mindfulness Meditation for the Self- Regulation of Chronic Pain». *Journal of Behavioral Medicine* 8: 163-190.

Kalm, L. M. y R. D. Semba. 2005. «They Starved so that Others Be Better Fed: Remembering Ancel Keys and the Minnesota Experiment». *Journal of Nutrition* 135 (6): 1347-1352.

Keyes, K. M., M. L. Hatzenbuehler., B. F. Grant y D. S. Hasin. 2012. «Stress and Alcohol: Epidemiologic Evidence». *Alcohol Research: Current Reviews* 34 (4): 391-400.

Khoury, B., T. Lecomte, G. Fortin, M. Masse, P. Therien, V. Bouchard, M. Chapleau, K. Paquin y S. G. Hofmann. 2013. «Mindfulness-Based Therapy: A Comprehensive Meta-analysis». *Clinical Psychology Review* 33 (6): 763-771.

Kobasa, S. C. 1979. «Stressful Life Events, Personality, and Health: An Inquiry into Hardiness». *Journal of Personality and Social Psychology* 37: 1-11.

Kornfield, J. 2016. *Camino Con Corazón. Una Guía A Través De Los Peligros Y Promesas De La Vida Espiritual*. Barcelona: La Liebre de Marzo.

Kripke, D. L., L. Garfinkel, D. L. Wingard, M. R. Klauber y M. R. Marler. 2002. «Mortality Associated with Sleep Duration and Insomnia». *Archives of General Psychiatry* 59: 131-136.

Langer, E. y J. Rodin. 1976. «The Effects of Choice and Enhanced Personal Responsibility for the Aged: A Field Experiment in an Institutional Setting». *Journal of Personality and Social Psychology* 19: 191-198.

Lepore, S. J. y M. A. Greenberg. 2002. «Mending Broken Hearts: Effects of Expressive Writing on Mood, Cognitive Processing, Social Adjustment and Health Following a Relationship Breakup». *Psychology and Health* 17: 547-560.

Loprinzi, P. D. y B. J. Cardinal. 2011. «Association Between Objectively-Measured Physical Activity and Sleep, NHANES 2005-2006». *Mental Health and Physical Activity* 4 (2): 65-69.

Lutz, A., L. L. Greischar, N. B. Rawlings, M. Ricard y R. J. Davidson. 2004. «Long-Term Meditators Self- Induce High-Amplitude Gamma Synchrony During Mental Practice». *Proceedings of the National Academy of Science* 101: 16369-16373.

Lutz, J., U. Herwig, S. Opialla, A. Hittmeyer, L. Jäncke, M. Rufer, M. Grosse Holtforth y A. B. Brühl. 2014. «Mindfulness and Emotion Regulation –an fMRI Study». *Social Cognitive and Affective Neuroscience* 9 (6): 776-785.

MacBeth, A. y A. Gumley. 2012. «Exploring Compassion: A Meta-analysis of the Association Between Self-Compassion and Psychopathology». *Clinical Psychology Review* 32 (6): 545-552.

Marmot, M. G., G. Davey Smith, S. Stansfeld, C. Patel, F. North, J. Head, I. White, E. Brunner y A. Feeney. 1991. «Health Inequalities Among British Civil Servants: The Whitehall II Study». *Lancet* 337 (8754): 1387-1393.

Masten, A. S. y M. J. Reed. 2002. «Resilience in Development». En *Handbook of Positive Psychology*, editado por C. R. Snyder y S. Lopez. Nueva York: Oxford University Press.

McEwen, B. S. 1998. «Protective and Damaging Effects of Stress Mediators». *New England Journal of Medicine* 338: 171-179.

McGonigal, K. 2017. *Estrés: el lado bueno. Por qué el estrés es bueno para ti y cómo puedes volverte bueno para él*. México: Editorial Océano.

McKee-Ryan, F., Song, Z., Wanberg, C. R. y Kinicki, A. J. 2005. «Psychological and Physical Well-Being During

Unemployment: A Meta-Analytic Study». *Journal of Applied Psychology* 90 (1): 53-76.

Mineka, S., M. Gunnar y M. Champoux. 1986. «Control and Early Socioemotional Development: Infant Rhesus Monkeys Reared in Controllable vs. Uncontrollable Environments». *Child Development* 57: 1241-1256.

Mineka, S. y J. F. Kihlstrom. 1978. «Unpredictable and Uncontrollable Events: A New Perspective on Experimental Neurosis». *Journal of Abnormal Psychology* 87 (2): 256-271.

Moyer, C. A., M. P. Donnelly, J. C. Anderson, K. C. Valek, S. J. Huckaby, D. A. Wiederholt, R. L. Doty, A. S. Rehlinger y B. L. Rice. 2011. «Frontal Electroencephalographic Asymmetry Associated with Positive Emotion Is Produced by Very Brief Meditation Training». *Psychological Science* 22, 1277-1279.

Mullainathan, S. y E. Shafir. 2016. *Escasez: ¿Por qué tener poco significa tanto?*, México: Fondo Cultura económica.

Neff, K. D. 2016. *Sé amable contigo mismo: El arte de la compasión hacia uno mismo*, Barcelona: Paidós.

Neff, K. D., Y. Hsieh y K. Dejitterat. 2005. «Self- Compassion, Achievement Goals, and Coping with Academic Failure». *Self and Identity* 4: 263-287.

Neff, K. D., K. Kirkpatrick y S. S. Rude. 2007. «Self-Compassion and Its Link to Adaptive Psychological Functioning». *Journal of Research in Personality* 41: 139-154.

Neff, K. D. y R. Vonk. 2009. «Self-Compassion vs. Global Self-Esteem: Two Different Ways of Relating to Oneself». *Journal of Personality* 77: 23-50.

Neupert, S. D., D. M. Almeida y S. T. Charles. 2007. «Age Differences in Reactivity to Daily Stressors: The Role of Personal Control». *Journal of Gerontology, Series B: Psychological and Social Sciences* 62: 216-225.

Nolen-Hoeksema, S. 2000. «The Role of Rumination in Depressive Disorders and Mixed Anxiety/Depressive Symptoms». *Journal of Abnormal Psychology* 109: 504-511.

Nolen-Hoeksema, S. y C. G. Davis. 1999. «Thanks for Sharing That: Ruminators and Their Social Support Networks». *Journal of Personality and Social Psychology* 77: 801-814.

Palomino, R. A., P. M. Nicassio, M. A. Greenberg y E. P. Medina. 2007. «Helplessness and Loss as Mediators Between Pain and Depressive Symptoms in Fibromyalgia». *Pain* 129: 185-194.

Pagliari, R. y L. Peyrin. 1995. «Norepinephrine Release in the Rat Frontal Cortex Under Treadmill Exercise: A Study with Microdialysis». *Journal of Applied Physiology* 78: 2121-2130.

Pennebaker J. W. y C. K. Chung. 2011. «Expressive Writing: Connections to Physical and Mental Health». En *The Oxford Handbook of Health Psychology*, editado por Howard S. Friedman. Oxford: Oxford University Press.

Puterman, E., J. Lin, E. Blackburn, A. O'Donovan, N. Adler y E. Epel. 2010. «The Power of Exercise: Buffering the Effect of Chronic Stress on Telomere Length». *PLoS One* 5 (5): e10837.

Rhodes, A. M. 2015. «Claiming Peaceful Embodiment Through Yoga in the Aftermath of Trauma». *Complementary Therapies in Clinical Practice* 21: 247-256.

Rodin, J. 1986. «Aging and Health: Effects of the Sense of Control». *Science* 233: 1271-1276.

Rodin, J. y E. J. Langer. 1977. «Long-Term Effects of a Control-Relevant Intervention with the Institutionalized Aged». *Journal of Personality and Social Psychology* 35 (12): 897-902.

Rosengren, A., K. Orth- Gomér, H. Wedel y L. Wilhelmsen. 1993. «Stressful Life Events, Social Support, and Mortality in Men Born in 1933». *British Medical Journal* 307 (6912): 1102-1105.

Rutter, M. 2006. «Implications of Resilience Concepts for Scientific Understanding». *Annals of the New York Academy of Sciences* 1094: 1-12.

Salzberg, S. 2002. *Lovingkindness: The Revolutionary Art of Happiness*. Ed. rev. Boston: Shambhala.

Sapolsky, R. M. 2008. *¿Por qué las cebras no tienen úlcera?: La guía del estrés*. Madrid: Alianza Ensayo.

Sbarra, D. A., H. L. Smith y R. M. Mehl. 2012. «When Leaving Your Ex, Love Yourself: Observational Ratings of Self-Compassion Predict the Course of Emotional Recovery Following Marital Separation». *Psychological Science* 23 (3): 261-269.

Seehagen, S., S. Schneider, J. Rudolph, S. Ernst y N. Zmyj. 2015. «Stress Impairs Cognitive Flexibility in Infants». *Proceedings of the National Academy of Science* 112 (41): 12882-12886.

Seery, M. D., E. A. Holman y R. C. Silver. 2010. «Whatever Does Not Kill Us: Cumulative Lifetime Adversity, Vulnerability, and Resilience». *Journal of Personality and Social Psychology* 99: 1025-1041.

Seery, M. D. 2011. «Resilience: A Silver Lining to Experiencing Adverse Life Events?». *Current Directions in Psychological Science* 20: 390-394.

Segerstrom, S. C., S. E. Taylor, M. E. Kemeny y J. L. Fahey. 1998. «Optimism Is Associated with Mood, Coping, and Immune Change in Response to Stress». *Journal of Personality and Social Psychology* 74: 1646-1655.

Seligman, M. E. P. y S. F. Maier. 1967. «Failure to Escape Traumatic *Shocks*». *Journal of Experimental Psychology* 74 (1): 1-9.

Shah, A., S. Mullainathan y E. Shafir. 2012. «Some Consequences of Having Too Little». *Science* 338: 682-685.

Siegel, D. J. 2010. *Mindsight: The New Science of Personal Transformation*. Nueva York: Bantam.

Siegle, G. J., R. E. Ingram y G. E. Matt. 2002. «Affective Interference: Explanation for Negative Information Processing Biases in Dysphoria?». *Cognitive Therapy and Research* 26: 73-88.

Smyth, J., A. Stone, A. Hurewitz y A. Kaell. 1999. «Effects of Writing About Stressful Experiences on Symptom Reduction in Patients with Asthma or Rheumatoid Arthritis: A Randomized Trial». *Journal of the American Medical Association* 281: 1304-1309.

Spera, S. P., E. D. Buhrfeind y J. W. Pennebaker. 1994. «Expressive Writing and Coping with Job Loss». *Academy of Management Journal* 37: 722-733.

Stahl, B. y E. Goldstein. 2015. *Mindfulness Para Reducir El Estrés*. Barcelona: Kairós.

Stanton, A. L., S. Danoff- Burg, L. A. Sworowski, C. A. Collins, A. Branstetter, A. Rodriguez-Hanley, S. B. Kirk y J. L. Austenfeld. 2002. «Randomized, Controlled Trial of Written Emotional Expression and Benefit Finding in Breast Cancer Patients». *Journal of Clinical Oncology* 20: 4160-4168.

Stein, N., S. Folkman, T. Trabasso y T. A. Richards. 1997. «Appraisal and Goal Processes as Predictors of Psychological Well-Being in Bereaved Caregivers». *Journal of Personality and Social Psychology* 72: 872-884.

Teegarden, S. L. y T. L. Bale. 2008. «Effects of Stress on Dietary Preference and Intake Are Dependent on Access and Stress Sensitivity». *Physiology and Behavior* 93: 713-723.

Thompson, S. C., A. Sobolew- Shubin, M. E. Galbraith, L. Schwankovsky y D. Cruzen. 1993. «Maintaining Perceptions of Control: Finding Perceived Control in Low-Control Circumstances». *Journal of Personality and Social Psychology* 64 (2): 293-304.

Tolle, E. 2013. *El poder del ahora: una guía para la iluminación espiritual*. Madrid: Gaia.

Troxel, W. M., K. A. Matthews, L. C. Gallo y L. H. Kuller. 2005. «Marital Quality and Occurrence of the Metabolic Syndrome in Women». *Archives of Internal Medicine* 165 (9): 1022-1027.

Tugade, M. M. y B. L. Fredrickson. 2004. «Resilient Individuals Use Positive Emotions to Bounce Back from Negative Emotional Experiences». *Journal of Personality and Social Psychology* 86 (2): 320-333.

Van den Berg, M., J. Maas, R. Muller, A. Braun, W. Kaandorp, R. van Lien, M. N. van Poppel, W. van Mechelen y A. E. van den Berg. 2015. «Autonomic Nervous System Responses to Viewing Green and Built Settings: Differentiating Between Sympathetic and Parasympathetic Activity». *International Journal of Environmental Research and Public Health* 12: 15860-15874.

Wallston, K. A., B. S. Wallston, S. Smith y C. Dobbins. 1987. «Perceived Control and Health». *Current Psychological Research and Reviews* 6: 5-25.

Wegner, D. M., R. Erber y S. Zanakos. 1993. «Ironic Processes in the Mental Control of Mood and Mood-Related Thought». *Journal of Personality and Social Psychology* 65: 1093-1104.

Wegner, D., D. Schneider, S. Carter y T. White. 1987. «Paradoxical Effects of Thought Suppression». *Journal of Personality and Social Psychology* 53 (1): 5-13.

Weiss, J. M., H. I. Glazer, L. A. Pohorecky, J. Brick y N. E. Miller. 1975. «Effects of Chronic Exposure to Stressors on Avoidance-Escape Behavior and on Brain Norepinephrine». *Psychosomatic Medicine* 37: 522-534.

Weiss, J. M., E. A. Stone y N. Harrell. 1970. «Coping Behavior and Brain Norepinephrine Level in Rats». *Journal of Comparative and Physiological Psychology* 72 (1): 153-160.

Werner, E. E. y R. S. Smith. 2001. *Journeys from Childhood to Midlife: Risk, Resilience, and Recovery*. Nueva York: Cornell University Press.

Wren, A. A., T. J. Somers, M. A. Wright, M. C. Goetz, M. R. Leary, A. M. Fras, B. K. Huh y L. L. Rogers. 2012. «Self-Compassion in Patients with Persistent Musculoskeletal Pain: Relationship of Self-Compassion to Adjustment to Persistent Pain». *Journal of Pain and Symptom Management* 43 (4): 759-770.

Young, J. E., J. S. Klosko y M. Weishaar. 2013. *Terapia de esquemas: Guía práctica*. Bilbao: Desclée De Brouwer.

Zawadzki, M. J., J. E. Graham y W. Gerin. 2013. «Rumination and Anxiety Mediate the Effect of Loneliness on Depressed Mood and Poor Sleep Quality in College Students». *Health Psychology* 32: 212-222.

SOBRE LA AUTORA

Melanie Greenberg es psicóloga y orientadora ejecutiva en Marin County (California), así como una experta en control del estrés, salud y relaciones interpersonales. Utiliza técnicas contrastadas de la neurociencia, de mindfulness y de la terapia cognitivo-conductual. Con más de veinte años de experiencia como profesora, escritora, investigadora, psicóloga clínica y consejera, ha impartido talleres y charlas a audiencias nacionales e internacionales. Escribe el blog *The Mindful Self-Express* para *Psychology Today*, y es una popular experta en los medios de comunicación que ha sido citada en www.cnn.com, www.forbes.com, BBC Radio, ABC News, *Yahoo! Shine* y *Lifehacker*, así como en *Self, Redbook, Men's Health, Women's Health, Fitness Magazine,*

Women's Day, Cosmopolitan y *The Huffington Post.* También ha aparecido en programas de radio como *Leading With Emotional Intelligence, The Best People We Know, Inner Healers* y *Winning Life Through Pain*. Ha sido considerada uno de los treinta psicólogos más destacados y seguidos en Twitter.